HEYNE
BÜCHER

W0076581

DAS BUCH LUDWIG

Vom Leben und Sterben des bayerischen Märchenkönigs Ludwig II.

Zusammengestellt von Wilhelm Girrbach

Mit Farbtafeln von Werner Neumeister

ORIGINALAUSGABE

WILHELM HEYNE VERLAG
MÜNCHEN

HEYNE ALLGEMEINE REIHE
Nr. 01/6701

Printed in Germany 1986
Umschlagfoto: Arthotek/Blauel, Planegg
Umschlaggestaltung: Atelier Ingrid Schütz, München
Satz: Fotosatz Völkl, Germering
Druck und Bindung: Presse-Druck, Augsburg

ISBN 3-453-02290-4

Inhalt

Ein ewiges Rätsel will ich bleiben
mir und anderen!

An die Schauspielerin
Marie Dahn-Hausmann

Porträt eines Königs

25. August 1845 – 13. Juni 1886

Ludwig Friedrich Wilhelm wurde am Montag, den 25. August, früh 12 ½ Uhr zu Nymphenburg geboren, über dem Schlafzimmer, in welchem Max Josef I. starb. König Ludwig I., der dabei war, war hocherfreut, den Enkel an seinem Geburtstage und in derselben Stunde, in welcher er einst geboren ward, geboren werden zu sehen. Außer Max und seinen Eltern waren Tante von Leuchtenberg, Onkel und Tante Eduard im Zimmer. König Ludwig I. umarmte einige Personen des Hofes vor Freude. 101 Kanonenschuß verkündeten in München die Geburt; der Ort Nymphenburg wurde geziert und beleuchtet. Dienstag, den 26. August, war im großen Saal die feierliche Taufe durch den Erzbischof Gebsattel. König Friedrich Wilhelm IV. von Preußen und Königin Elisabeth waren schon am 25. mittags von Tegernsee mit Onkel Karl und Tante hereingekommen.

Kronprinzessin Marie von Preußen in der Familienchronik über Geburt und Taufe des Sohnes Ludwig

Im ersten Lebensjahr. Bildnis von A. Grotefend (1846).

1846 im März/April war Ludwig in München todkrank, während wir an Mamas Sterbebett geeilt waren. Seine Amme starb am Nervenfieber; er mußte entwöhnt werden. König Ludwig gab nicht zu, daß er uns nach Berlin nachgeschickt werde, da er sehr geschwächt war, und es noch lange blieb.

Die Mutter in der Familienchronik

Mit Trommel und Baukasten (1850).

Frühzeitig entwickelte sich bei Ludwig Freude an der Kunst; er baute gern, besonders Kirchen, Klöster und dergleichen.

Die Mutter in der Familienchronik (1851)

Bei der Christbescherung 1852 bekam (...) Ludwig das Siegestor aus Baustein-Holzen, das er errichten kann. Zu bauen liebt er, vorzüglich, überraschend, mit gutem Geschmack sah ich Gebäude von ihm ausgeführt. Ich erkenne auffallende Ähnlichkeit im künftigen Ludwig II. mit dem politisch-toten Ludwig I.

Ludwig I., der Großvater, in einem Brief an Ludwigs Onkel, König Otto von Griechenland (1853)

Fotografie von Joseph Albert, dem Hoffotografen, vom 14. Mai 1861. Am 22. August desselben Jahres berichtet Ludwig seinem Großvater aus Hohenschwangau:

Wir bringen hier unsere Vakanz recht angenehm zu und benützen die schönen Tage teils zu Ausflügen, teils zum Fischen im Alpsee, dessen klares, mildes Wasser uns auch zum Schwimmen sehr angenehm ist ... Neulich fing ich einen achtpfündigen Hecht, was mich so freute, daß ich ihn durch Albert, der sich gerade hier befand, fotografieren ließ.

In der Uniform des Infanterie-Leibregiments 1862.

Gelegentlich einer Reise nach Bad Kreuth habe ich den König vor seiner Thronbesteigung zum letzten Male 1862 gesehen. Zu jener Zeit war er ein schlank gewachsener Jüngling, immer noch etwas schmächtig, aber doch schon nicht mehr so »ekkig« wie früher, der Körper begann schon etwas vollere Formen zu zeigen, die Gesichtsfarbe schien mir etwas frischer, aber mehr ins Bräunliche übergehend, und der noch zarte, flaumartige Anflug eines dunkelbraunen Schnurrbärtchens stand dem damals siebzehnjährigen Kronprinzen allerliebst. Ich konnte durchaus nichts Finsteres an ihm entdecken, es lag vielmehr wie heller Sonnenschein auf seinem fein und edel geschnittenen Gesicht, und das große schwärmerische Auge schien heiter und glücklich in die Welt und Zukunft zu blicken.

Ludwig Schaufert, ein zeitgenössischer Biograf

Fotografie aus dem Jahr (1863).

Bei den regelmäßigen Mahlzeiten, welche wir während des Aufenthalts in Nymphenburg, 16. und 17. August 1863, einnahmen, war der Kronprinz, später König Ludwig II., der seiner Mutter gegenüber saß, mein Nachbar. Ich hatte den Eindruck, daß er mit seinen Gedanken nicht bei der Tafel war und sich nur ab und zu seiner Absicht erinnerte, mit mir eine Unterhaltung zu führen, die aus dem Gebiete der üblichen Hofgespräche nicht herausging. Gleichwohl glaubte ich in dem, was er sagte, eine begabte Lebhaftigkeit und einen von seiner Zukunft erfüllten Sinn zu erkennen. In den Pausen des Gesprächs blickte er über seine Frau Mutter hinweg an die Decke und leerte ab und zu hastig sein Champagnerglas, dessen Fül-

Als »Privatmann« (1864).

lung, wie ich annahm, auf mütterlichen Befehl verlangsamt wurde, so daß der Prinz mehrmals sein leeres Glas rückwärts über seine Schulter hielt, wo es zögernd wieder gefüllt wurde. Er hat weder damals noch später die Mäßigkeit im Trinken überschritten, ich hatte jedoch das Gefühl, daß die Umgebung ihn langweilte und er den von ihr unabhängigen Richtungen seiner Phantasie durch den Champagner zu Hilfe kam. Der Eindruck, den er mir machte, war ein sympathischer, obschon ich mir mit einiger Verdrießlichkeit sagen mußte, daß mein Bestreben, ihn als Tischnachbarn angenehm zu unterhalten, unfruchtbar blieb.

Otto von Bismarck über seine einzige Begegnung mit Ludwig

Der angehende König als Student

Nächste Woche werde ich wohl wieder die Kollegien besuchen können; außerdem habe ich Geschichte der Philosophie bei Professor Steininger und Englisch und Französisch zur Übung bei den betreffenden Lehrern. Ziemlich oft habe ich Audienzen zu geben.

An seine ehemalige Erzieherin, Frau von Leonrod (Dezember 1863)

Ich besuche diesen Winter die Universität noch hier; ich höre Physik bei Professor Jolly, auch Liebigs Laboratorium besuche ich.

An seinen Großvater, Ludwig I. (Dezember 1863)

Der König ist tot, es lebe der König!

Am 10. März 1864 stirbt König Maximilian II. nach kurzer Krankheit. Noch am selben Tag wird Ludwig zum König ausgerufen. Der Musiker Julius Hey berichtet:

Historisch kostümierte Herolde reiten bei heftigem Schneegestöber durch die Stadt und proklamieren König Ludwig II. Traurig und imposant zugleich ist die Zeremonie. Voran im mittelalterlichen Kostüm die Hoftrompeter und Hofpauker, dann die Herolde in reich bestickten Gewändern, in ihrer Mitte der Rufer mit mächtiger Pergamentrolle, von der er den erfolgten Regierungsantritt des Königs mit lauter Stimme abliest. Zu Beginn und als Abschluß eine reitende Militäreskorte, die der andrängenden Volksmasse steuert, denn halb München ist auf den Beinen. Die Menschenmenge strömt trotz Sturm und Schneegestöber dem Zuge unverdrossen nach. In meine nahe gelegene Wohnung zurückgekehrt, höre ich fast unter meinem Fenster dumpfen Trommelwirbel: es geht die Vereidigung der sämtlichen hiesigen Truppen vor sich. Der General Manz spricht mit mächtiger, weithin schallender Stimme den Soldaten den Fahneneid vor. Nun ein dreimaliges brausendes Hoch, das dem neuen Kriegsherrn gilt.

In bayerischer Generalsuniform. Bildnis von W. Tauber (1864).

Der allmächtige Gott hat meinen teueren vielgeliebten Vater von dieser Erde abberufen. Ich kann nicht aussprechen, welche Gefühle meine Brust durchdringen. Groß ist und schwer die mir gewordene Aufgabe. Ich baue auf Gott, daß er mir Licht und Kraft schicke, sie zu erfüllen. Treu dem Eide, den ich soeben geleistet, und im Geiste unserer durch fast ein halbes Jahrhundert bewährten Verfassung will ich regieren. Meines geliebten Bayernvolkes Wohlfahrt und Deutschlands Größe seien die Zielpunkte meines Strebens. Unterstützen Sie mich alle in meinen inhaltsschweren Pflichten!

Bei der Vereidigung am 11. März

Sei gesegnet, junger König.
Deine Krone ist umwunden
Mit dem Kranze weißer Rosen,
Den die Engel selbst gebunden.

Ringsum grüßet Dich der Frühling
Und den Mai hast zum Genossen
Deines Thrones Du; aus Purpur
Läßt er Blumenschmuck Dir sprossen.

Heil'ger Jugend reine Weihe
Hat gekrönt Dich; o bewahre
Dieses Kleinod – eine Macht ist's –
Mehr, als der Erfahrung Jahre ...

Franz Graf Pocci (16. März 1864)

Auf dem Oktoberfest, am 1. Oktober, Ludwig II. vorgestellt. Wir waren auf der zweiten Tribüne geladen. Dieser Tag und das Neujahrsfest sind die einzigen im Laufe des Jahres, wo die Diplomaten vor Seiner Majestät erscheinen. Der König ist ohne Frage eine ausgezeichnete Erscheinung. Ein eindrucksvoller Kopf, umgeben von reichem, lockigem, dunklem Haar, eine glückliche Physiognomie, in der sich Geist, Talent, Liebenswürdigkeit, aber auch eine große Schwärmerei ausdrücken. Der König ist sehr groß und sehr rasch in die Höhe gewachsen. Es fehlt daher der Figur derzeit noch das vollkommene Ebenmaß, die Harmonie der Bewegungen. Die Gesichtsfarbe war nicht so frisch und kräftig, wie man nach einem Aufenthalt von mehreren Monaten in der stärkenden Gebirgsluft hätte annehmen dürfen.

Roderich Freiherr von Ompteda, der hannoversche Gesandte in München (1865)

Der König in Generalsuniform mit Krönungsmantel.
Das »offizielle« Gemälde von Ferdinand Piloty (1865).

Im Ornat des Georgi-Ritterordens (1866).

Zwischen Repräsentanz und Privatheit – zwischen Pflicht und Neigung

S. M. der König war heute mittags so aufgeregt, daß Er ganz elend aussah und mir Aufträge an Sie erteilte, die ich gar nicht in die Feder nehmen kann. Er sprach von Abdanken unter dem Vorgeben, daß er geistig nicht ganz gesund sei, um dann in die Schweiz gehen und dort leben zu können, und ähnliche Dinge mehr.

Der Grund scheint mir in folgendem zu liegen:

Gestern und heute stellten Kollege Lutz und ich Seiner Majestät ernsthaft und dringend vor, daß es eben doch sehr wünschenswert wäre, wenn Allerhöchstsie demnächst die Kammern persönlich eröffneten. Bei der großen Abneigung, die der König eben gegen die Abhaltung dieser Feierlichkeit hegt, mag das beharrliche Zureden und die Hinweisung auf die Mißstimmung, welche die Unterlassung persönlichen Auftretens jetzt ohne Zweifel im Gefolge hätte, aufregend und beunruhigend auf Ihn gewirkt haben. Er arbeitete sich in den Stunden des Alleinseins noch weiter in den Verdruß hinein und kam dabei auch auf den bittern Gedanken, daß er persönliche Opfer

Fotografie von Joseph Albert (1867).

auf sich nehmen und dabei doch – weiß der Himmel, auf wie lange – Herrn R. Wagner noch immer nicht bei sich haben sollte. Dies brachte Ihn weiter auf die Idee, lieber zugunsten des Prinzen Otto, der ja jetzt volljährig sei, abzudanken und in die Schweiz zu Wagner zu ziehen, als hier allein auf dem Throne zu trauern.

Bericht des Kabinettssekretärs Franz von Pfistermeister an den Leibarzt des Königs am 15. Mai 1866.

Fünf Tage zuvor hatte Ludwig die Mobilmachung für den 22. Juni befohlen. In dieser kritischen Phase und vor der Eröffnung des ersten Landtags seiner Regierungszeit besucht der König Wagner an dessen Geburtstag, dem 22. Mai, im schweizerischen Triebschen.

Der König hat sich unter den Münchner Bürgern durch seine Reise nach der Schweiz sehr geschadet. Man soll ihm öffentlich auf der Straße Schimpfworte nachgerufen haben; bei der Fahrt nach der Kirche am Eröffnungstag des Landtags ist er vom Publikum nicht behurrat worden, und man hat ihn kaum gegrüßt.

Fürst Hohenlohe, ein Mitglied der Reichsratkammer, in seinem Tagebuch

Flucht in die Einsamkeit – Bilder eines königlichen Privatmannes

Schon in den ersten drei Jahren seiner Regierung sah man sich veranlaßt, den König darauf aufmerksam zu machen, daß sein Volk seine Zurückgezogenheit schmerzlich empfinde, und legte ihm nahe, sich mehr zu zeigen. Er ließ sich infolgedessen bewegen, eine Militärrevue abzuhalten, von der er aber mit der Überzeugung zurückkam, daß sein Volk unmöglich mit ihm unzufrieden sein könne, da es ihn sonst nicht so begeistert empfangen und begrüßt haben würde.

Diese Überzeugung bestärkte sich immer mehr und mehr bei ihm. Je nachgiebiger die Minister auch in diesem Punkte waren, um so mehr zog er sich zurück. Als Ziegler ihm lebhaft zuredete, sich an dem 800jährigen Jubiläum seines Hauses *(1880)* irgendwie persönlich zu beteiligen, nannte er das »Servilität nach unten«, und als er sich in unerhörter Weise unter dem lauten Befremden des ganzen Landes auch bei diesem Anlaß ferngehalten hatte, sagte er einem Freunde: »Man hat mich zwingen wollen, zur Wittelsbacherfeier zu kommen; ich bin doch nicht gegangen; was konnte auch daraus erfolgen, daß ich es nicht tat? – Revolution machen sie ja doch nicht.«

Gottfried von Böhm

Ich finde ihn auffallend verändert; seine Schönheit hat sehr abgenommen, er hat die Vorderzähne verloren, sieht bleich aus und hat etwas Nervös-Unruhiges in seiner Art zu sprechen, so daß er die Antwort auf seine Frage nicht abwartet, sondern während des Sprechens des Antwortenden bereits neue, andere Dinge betreffende Fragen stellt.

Der preußische Kronprinz Friedrich Wilhelm (1870)

Ich hatte den König seit 1864 nicht mehr aus der Nähe … gesehen: in diesen neun Jahren war recht viel verschwunden von jener Jünglingsschönheit, die damals von ihm ausgestrahlt hatte. Er war zu dick geworden, die fahle Gesichtsfarbe war nicht

(1871) (1875)

(1881) (1884)

hübsch, das Fehlen mehrerer Zähne entstellte ihn beim Sprechen und machte das Verstehen der hastig hervorgesprudelten Worte noch schwieriger: dieses stoßweise Sprechen gemahnte lebhaft an seinen Großvater Ludwig I.

Der Schriftsteller Felix Dahn (August 1873)

Die wechselnden Stimmungen des Königs, seine zunehmende Verbitterung hatten vielfach in körperlichen Leiden ihren Grund. Kopfschmerzen, Zahnschmerzen quälten ihn unaufhörlich; trotz seiner herkulischen Gestalt war seine Gesundheit eine schwache, wozu wohl auch die ungesunde Lebensweise beitrug, die er angenommen. Er war ein starker Esser und konnte viele Speisen nicht vertragen; er war ein leidenschaftlicher Reiter gewesen und hatte es aus Gesundheitsrücksichten aufgeben müssen.

Bericht eines Zeitgenossen aufgrund von Informationen aus der Dienerschaft

Als ich im Jahre 1872 *(ins Kabinettssekretariat)* eintrat, standen Seine Majestät wenn auch spät, so doch vormittags auf. Die Stunde des Aufstehens fiel immer später. Im Jahre 1882 standen Seine Majestät selten vor abends 5 oder 6 Uhr auf. Es war manchmal morgens 7 Uhr, wenn Seine Majestät von einer Ausfahrt zurückkamen ...

Beim Vortrage, der fast immer gleich nach dem Frühstücke folgte, hielten Seine Majestät oft mit der Hand das Hinterhaupt und klagten über einen dumpfen Druck im Gehirn. Fast regelmäßig nahmen Seine Majestät vor dem Schlafengehen Chloralhydrat. Oft habe ich vor diesem Mittel gewarnt. Seine Majestät erwiderte immer, daß Allerhöchstdieselben außerdem gar nicht schlafen könnten.

Aus den Aufzeichnungen des Kabinettschefs Friedrich von Ziegler

Eine der letzten Fotografien des Königs (1886).

Als Großmeister des Bayerischen Haus-Ritter-Ordens vom Heiligen Georg. Das Gemälde von Gabriel Schachinger wurde erst nach dem Tod Ludwigs im Jahr 1887 fertiggestellt. Als Großmeister war der König zuletzt im April 1880 aufgetreten.

In äußerst glänzender und prunkvoller Weise wurde gestern unter Beteiligung Seiner Majestät des Königs als Ordensgroßmeister sowie zahlreicher Ordensmitglieder beider Zonen das St. Georgi-Ritterfest in hiesiger Residenz nach altherkömmlichem Brauche und mit feierlichen kirchlichen Zeremonien abgehalten …

Das Kostüm der Ordensmitglieder, namentlich der Großpriore und vor allem der Ornat des Großmeisters war ein prächtiger. Im allgemeinen ist das Ordenskostüm die altburgundische Tracht: Koller von weißem Atlas, gleiche Kniehosen und seidene Strümpfe. Über dem Koller wird ein ärmelloser Talar und ein Pallium (Art kurzer Kragen) getragen. Ein runder schwarzer, an der Stirne aufgebogener Hut mit weißer Feder und Agraffe bedeckt den Kopf …

S. M. der König als Großmeister des Ordens, welchen das prachtvolle Ordens-Ornat wundervoll kleidete, vollzog mit wahrhaft königlicher Majestät und Würde sowie bewundernswerter Schönheit und Akkuratesse die einzelnen zum Teil sehr anstrengenden Zeremonien.

Aus einem Zeitungsbericht

Die Familie

Die Wittelsbacher

Pfälzisch-bayerische Linie

Maximilian I. Joseph
(1756–1825)
Herzog von Zweibrücken 1795
Kurfürst von Pfalz-Bayern 1799
König von Bayern ab 1806
vermählt 1785 mit Wilhelmine
Auguste von Hessen-Darmstadt
(1765–1796; erste Gemahlin)

Ludwig I.
(1786–1848)
König von Bayern 1825–1848
vermählt 1810 mit Therese von
Sachsen-Hildburghausen (1792–1854)

Karl
(1795–1875)

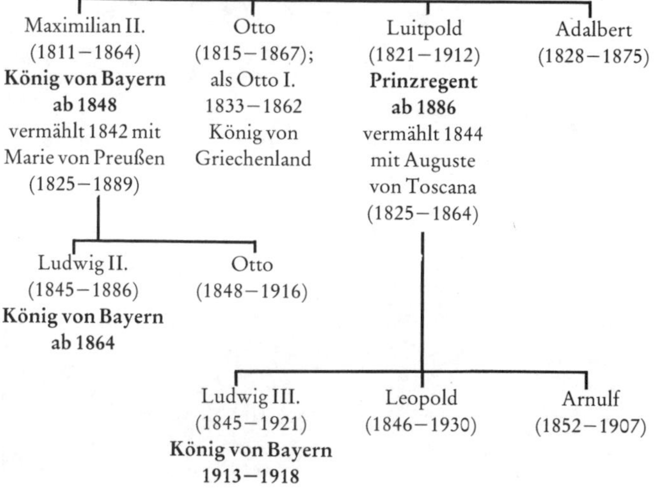

Die Königsfamilie als bürgerliche Familie. Maximilian II. von Bayern mit seiner Gemahlin Marie und den beiden Söhnen Ludwig (links) und Otto (1864).

Der König sah seine beiden Söhnchen, die Prinzen Ludwig und Otto, des Tages nur ein- oder zweimal, mittags beim zweiten Frühstück und abends bei der Hoftafel, gar selten in den Zimmern, wo sie aufwuchsen. Dabei reichte er ihnen meist nur die Hand zum Gruße und empfahl sich schleunigst. Es kostete, als der Kronprinz schon seiner Volljährigkeit nahestand, viel und lange Mühe, den König zu bewegen, seinen ältesten Sohn auf den Morgenspaziergang im Englischen Garten (von 9–10 Uhr) mitzunehmen. Das wiederholte sich jedoch nur wenige Male. Der König äußerte: was soll ich mit dem jungen Herrn sprechen? Es interessiert ihn nichts, was ich anrege.

Franz von Pfistermeister, der langjährige Kabinettssekretär, in seinen Erinnerungen

Die Königsmutter war für ihre Vorliebe für das Bergwandern bekannt. Hier eine Aufnahme, auf der Marie in für die Zeit sicherlich ungewöhnlichen Hosen zu sehen ist.

Trotz allen Bemühens aber war es nicht gelungen, der Königin Interesse an Literatur und Poesie einzuflößen. Ihr war nur wohl im leichtesten Geplauder und besonders in der freien Luft des Gebirges, das sie unermüdlich nach allen Richtungen zu durchstreifen liebte. Auch am Theater fand sie keinen Geschmack und sah, wenn sie doch einmal mit dem Könige in ihrer Proszeniumsloge erschien, lieber ins Publikum als auf die Bühne.

Paul Heyse, Mitglied des Münchner Dichterkreises um Max II.

Ludwig mit seinem drei Jahre jüngeren Bruder Otto.

Als wir neulich aus Nürnberg uns schriftlich unterhielten, meinten Sie, mein Bruder wäre für mich ein verstehender, teilnehmender Freund. O nein, geliebte Freundin, er ist ein ganz gewöhnlicher Mensch, ohne nur den geringsten Sinn für Hohes und Schönes. Er ist den ganzen Tag oft auf der Jagd, viel in

Gesellschaft meiner flachen, geistlosen Vettern und des Abends viel im Aktientheater, wo er besonders für das Ballett schwärmt.

An Cosima von Bülow
(Januar 1867)

Sissi und Sophie

Die Freundin

Mit seiner acht Jahre älteren Cousine Elisabeth, die seit 1854 mit dem österreichischen Kaiser Franz Joseph verheiratet war, verbindet Ludwig eine von seiner Seite stark schwärmerische Freundschaft. Über diese Beziehung sind nur wenige schriftliche Dokumente erhalten. Im März 1865 berichtet Elisabeth ihrem Sohn Rudolf von einer Begegnung in Schloß Possenhofen am Starnberger See:

Gestern hat mir der König eine lange Visite gemacht, und wäre nicht endlich Großmama dazugekommen, so wäre er noch da. Er ist ganz versöhnt, ich war sehr artig, er hat mir die Hand so viel geküßt, daß Tante Sophie, die durch die Türe schaute, mich nachher fragte, ob ich sie noch habe. Er war wieder in österreichischer Uniform und ganz mit Chypre parfümiert.

Die Dauerhaftigkeit des königlichen Gefühls zeigt ein Brief Ludwigs an Rudolf zehn Jahre später, im November 1875:

Du Glücklicher, Beneidenswerter, dem es vergönnt ist, so viel bei der angebeteten Kaiserin weilen zu dürfen, o bitte, lege mich Ihr zu Füßen und flehe Sie in meinem Namen an, gnädig Ihres getreuen, Sie von jeher und für immer verehrenden Sklaven zu gedenken ... Dein Bild will ich mir einrahmen lassen, damit ich es zugleich mit dem der Kaiserin beständig vor Augen habe. Denn niemand auf Erden ist mir so teuer als Du und Sie.

Die Freundin: Elisabeth, Kaiserin von Österreich (1837–1898).

Die Braut: Sophie Charlotte, Herzogin in Bayern (1847–1897).

Der Gruß von der Nordsee

Du Adler, dort hoch auf den Bergen,
Dir schickt die Möwe der See
Einen Gruß von schäumenden Wogen
Hinauf zum ewigen Schnee.

Einst sind wir einander begegnet
Vor urgrauer Ewigkeit
Am Spiegel des lieblichen Sees,
Zur blühenden Rosenzeit.

Stumm flogen wir nebeneinander
Versunken in tiefer Ruh …
Ein Schwarzer nur sang seine Lieder
Im kleinen Kahne dazu.

Elisabeth an Ludwig (Juni 1885)

Prinzessin Elisabeth, seit 1854 Kaiserin von Österreich, in Possenhofen (1853).

Der Möwe Gruß von fernem Strand
Zu Adlers Horst den Weg wohl fand.
Er trug auf leisem Fittich-Schwung
Der alten Zeit Erinnerung,
Da Rosenduft umwehte Buchten
Möwe und Adler zugleich besuchten
Und sich begegnend in stolzem Bogen
Grüßend einander vorüberzogen.
Zur Bergeshöh zurückgewandt,
Dankt Aar der Möwe am Dänenstrand
Und rauschend entsenden seine Flügel
Fröhlichen Gruß zum Meeresspiegel.

Ludwig an Elisabeth (September 1885)

Die Braut

Im Jahr 1866 kommt es zu einer freundschaftlichen Verbindung zwischen Sophie, der Schwester Elisabeths, und Ludwig. Anfang Januar 1867 läßt die Mutter durch ihren Sohn Karl Theodor bei Ludwig anfragen, ob er Heiratsabsichten habe.

Nach den Mitteilungen, die ich meiner Mutter gemacht, hält dieselbe jede weitere Erörterung für ganz überflüssig. Sie hat zwar geglaubt, Dein Benehmen habe zu anderen Erwartungen berechtigt, allein nunmehr kennt sie zur Genüge Deine Ansichten und kann daher die Sache nur für definitiv bereinigt und abgemacht erklären. Von Fortsetzung eines Briefwechsels kann natürlich keine Rede sein.

Karl Theodor an Ludwig

Meine liebe Sophie!

Schwer kommt es mir an, diese Zeilen an Dich zu richten, aber ich halte es für meine Pflicht, gerade jetzt Dir zu schreiben. – Schmerzlich ist es mir, sollten wir wirklich von nun an unseren schriftlichen Freundschaftsverkehr auf immer unterbrechen, denn (wie ich es Dir zu wiederholten Malen in meinen Briefen versicherte) nie wirst Du aufhören, mit teuer zu sein, zeitlebens werde ich Dir die aufrichtigen und innigen Gefühle einer treuen Freundschaft bewahren. Oh, habe keinen Groll im Herzen, liebe Sophie, höre meine Bitte und bewahre mir ein gutes Andenken in Deinem Herzen, entziehe mir Deine Freundschaft nicht, oh, sie tut mir so wohl. – Du kennst das Wesen meines Geschickes, über meine Sendung auf Erden schrieb ich Dir einst von Berg aus, Du weißt, daß ich nicht viele Jahre mehr zu leben habe, daß ich diese Erde verlasse, wenn das Entsetzliche eintritt, wenn mein Stern nicht mehr strahlt, wenn er dahin ist, der treu geliebte Freund; ja, dann ist auch meine Zeit aus, denn dann, dann darf ich nicht länger mehr leben. – Du nahmst so herzlichen, so wahren und aufrichtigen Anteil an meinem Geschicke, liebe Sophie, daß ich Dir dafür innig dankbar sein werde, mein Leben lang. Der Hauptinhalt

Mit Prinzessin Sophie (1867).

100,000,000,000 0,000 0,0000 Grüße.

An Sophie

Unseres Verkehrs war stets, Du wirst es mir bezeugen, R. Wagners merkwürdiges, ergreifendes Geschick. – Oh, zürne mir nicht, sende mir einige freundliche Zeilen, die mir beweisen, daß Du mir gut bleibst, bedenke, Dein Freund hat vielleicht nur mehr wenige Jahre zu leben, soll seine karg gemessene Lebenszeit ihm durch den qualvollen Gedanken verbittert werden, daß eines von den wenigen Wesen, die ihn verstanden, denen er teuer war, ihn nunmehr im stillen haßt? Oh, das verdiene ich nicht, ich darf kühn es sagen. – Lebe wohl, meine liebe Sophie; willst Du es, so schreibe ich nie wieder, lebe glücklich und gedenke mein. –

In inniger Freundschaft

Dein
treuer, aufrichtiger Vetter
Ludwig

Ludwig an Sophie (19. Januar 1867)

Drei Tage später, nach einem Ballbesuch, schreibt Ludwig zwischen 12 Uhr und 1 Uhr nachts an Sophie:

Willst Du meine Gattin werden? Genossin meines Thrones? Königin von Bayern?

Die Hochzeit wird mehrfach verschoben: vom 25. August 1867 auf den 12. Oktober, dann auf den 12. November. Ludwig distanziert sich innerlich immer mehr von seiner Braut. An Cosima von Bülow hat er darüber später geschrieben:

Ich kannte sie von Jugend auf, liebte sie stets als eine treue Verwandte, treu und innig wie eine Schwester, schenkte ihr mein Vertrauen, meine Freundschaft, aber nicht Liebe! Sie können sich denken, wie entsetzlich für mich der Gedanke war, den Vermählungstag immer näher und näher heranrücken zu sehen, erkennen zu müssen, daß dieser Bund weder für sie noch für mich glückbringend sein könnte. Und doch war es schwer, sollte ich wieder zurück ... Warum sollte ich gewaltsam in mein Unglück blindlings hineinrennen, ich, der ich noch so jung bin, noch immer das mir von Gott bestimmte Wesen zu

Meiner Sophie bleibe ich treu bis zum Tod, bis in den Tod aber bleibe ich Ihnen treu, Herr meines Lebens; Sophie weiß es, weiß, daß mit Ihrem Tode auch meine Lebensfrist verstrichen ist.

An Wagner

finden Zeit genug vor mir habe ... Schwarz und düster verhüllte sich mir die Zukunft ... Da galt es, das Ungewitter zu zerstreuen, das ich selbst über meinem Haupte heraufbeschworen hatte. Ich dachte, der erste Verdruß ist besser, und setzte Sophie in einem ausführlichen Schreiben alles auseinander.

Es war ein schönes Brautpaar: der König, ein sehr großer, schlanker junger Mann mit schwärmerischen dunklen Augen, nahm sich in der Uniform seines Chevaulegerregiments sehr gut aus; die Braut, ebenfalls eine hohe schlanke Gestalt, war in ihrem weiß und blauen Ballkleid reizend anzuschauen. Doch lag auf dem Feste eine unbehagliche Atmosphäre, es war kein bräutliches und fröhliches.

Der badische Gesandte Robert von Mohl über den zur Feier der Verlobung abgehaltenen Hofball

Meine geliebte Elsa!

Da, wie damals die Verlobung, so auch der Vermählungstag durchaus wie eine Treibhauspflanze gewaltsam gezeitigt werden soll, so halte ich es für meine heilige Pflicht, jetzt, da es noch Zeit ist, Dir einige Mitteilungen zu machen. Stets warst Du mir von Herzen wert und teuer, ich hänge an Dir mit inniger, wahrer und aufrichtiger Zuneigung, liebe Dich wie eine teure Schwester ...

Als wir im vorigsjährigen Sommer öfters uns schrieben, als ich Dir Beweise meiner Freundschaft, meines Vertrauens gab, drängte Deine Mutter zu einer Entscheidung; sie glaubte, ich hätte Dich betört, denn an ein Bestehen von Freundschaft ohne die eigentliche Liebe glaubte sie nicht; Du erinnerst Dich der Antwort, die ich Dir damals gab und Deiner Mutter durch Gackel *(Karl Theodor)* erteilen ließ. –

Als ich zu meinem tiefen Kummer erfahren mußte, wie unglücklich Dich dieselbe gemacht hat, daß Du fortmüßtest, wir niemals uns mehr sehen könnten, wurde ich auf das tiefste ergriffen, gerührt durch diesen Beweis wahrer Liebe, den Du

Es existierten bereits Bilder, auf denen Sophie als Königin tituliert wurde.

Du hast so schöne Augen.

Ludwig zu Sophie

mir gabst; meine Zuneigung für Dich steigerte sich, so daß ich mich hinreißen ließ, um Deine Hand zu werben. Wenn ich nun alle Vorbereitungen zur Hochzeit treffen ließ, Dir darüber sprach und schrieb, sie hinausschob und doch nicht aufgeben wollte, so geschah dies durchaus nicht, um Dich anzuführen.

Oh nein, hintergehen wollte ich Dich nicht ... Ich handelte im festen Glauben, es würde alles zu einem befriedigenden Ende führen. – Ich hatte nun Zeit, mich zu prüfen, mit mir zu Rate zu gehen, und sehe, daß nach wie vor meine treue, innige Bruderliebe zu Dir tief in meiner Seele wurzelt, nicht aber die Liebe, die zur Vereinigung in der Ehe erforderlich ist.

Ich war Dir diese offene Mitteilung schuldig, liebe Elsa; ich bitte Dich um Fortdauer Deiner Freundschaft; wenn Du mir mein Wort zurückgibst und wir voneinander scheiden, so bitte ich Dich, tun wir es ohne Groll und Bitterkeit; behalte – ich ersuche Dich herzlich darum – die Andenken, die Du von mir in Händen hast, und gestatte mir, daß auch ich die von Dir erhaltenen behalte; sie werden mich stets an eine Zeit erinnern, die nie aufhören wird, mir teuer zu sein, und an eine liebe Freundin und Verwandte, für deren Glück, das mir sehr am Herzen liegt, ich täglich Gott bitten werde.

Solltest Du bis etwa in Jahresfrist niemanden gefunden haben, durch welchen Du glaubst, glücklicher zu werden als durch mich, sollte auch dieses bei mir der Fall sein, was ich nicht für ganz unmöglich halte, so können wir uns ja dann auf immer vereinigen, vorausgesetzt, daß Du dann noch Lust dazu hast; doch ist es besser, wenn wir jetzt voneinander scheiden und uns nicht durch ein bestimmtes Versprechen für die Zukunft binden; mißlich bleibt immer das plötzliche Sich-Einmischen Deiner Mutter in unsre Angelegenheit, wie sie im vorigen Winter stand, ich muß es wiederholen ...
Möge, dies ist mein innigster Wunsch, der Vater, der über uns allen wacht, Dich, meine treu geliebte Elsa, das Glück finden lassen, das Du in so reichem Maße verdienst.

Und nun lebe wohl, behalte auch ferner lieb Deinen Dir von Herzen anhänglichen und treuen

Heinrich

Schwan aus Majolika auf Neuschwanstein.

Schreibzeug (Neuschwanstein).

(Willst Du so gut sein, Deinen Eltern den Hauptinhalt dieses Briefes mitzuteilen?!)

Ludwig an Sophie (7. Oktober 1867). Ludwig benannte oft Personen seiner näheren Umgebung und sich selbst mit Phantasienamen – vor allem aus Werken Wagners.

Am selben Tag trägt der König in sein Tagebuch ein:

Sophie abgeschrieben. Das düstere Bild verweht; nach Freiheit verlangte ich, nach Freiheit dürstet mich, nach Aufleben von qualvollem Alp.

Die Auflösung der Verlobung wird am 10. Oktober 1867 bekanntgegeben.

Was mich im Laufe der letzten Monde beschäftigte, was wie ein Alp auf mir lastete, mich fürchterlich folterte, werden Sie aus meinen Briefen an die Freundin ersehen haben; nun ist mir so wohl zumute, ich atme wieder frei auf, erwache wie aus düstrem Traum, und nun, da der innere Friede, der so lange mich geflohen hatte, wieder eingezogen ist in meine Seele, nahe ich mich wieder dem Freunde; denn nur in freudig gehobener Stimmung will ich ihm schreiben, sie ist seiner würdig; oh Gott, ich glaubte schon, nie, nie wieder ihm in dieser Stimmung schreiben zu können; oh, nun ist alles wieder gut! wie erstanden, genesen nach lebensgefährlicher Krankheit fühle ich mich, und selig wie früher juble ich dem Freunde entgegen, der Trauerflor, der über mir hing während der letzten Zeit, ist zerrissen und ... der Schmerz ist aus, die Bande weichen. – Doch nun fort mit diesem Thema; nur das füge ich noch hinzu, daß ich mit Sophie unglücklich geworden wäre, daß sie nicht die mir von oben Bestimmte ist, nicht »das Weib, das Gott mir angetraut«, daß sie mein Wesen nur oberflächlich zu beurteilen versteht, daß sie nicht die Tiefe besitzt, die ich bei meiner künftigen Gattin verlange, daß aber momentan mich ihr Liebreiz, ihre Anmut, die mehr äußerlich bei ihr sind, geblendet haben; doch Gott sei gedankt, ich kam bald zur Erkenntnis...

Ludwig an Wagner

Richard Wagner

Mit fünfzehn Jahren wohnt Ludwig zum ersten Mal einer Opernaufführung bei: Es ist Richard Wagners Lohengrin. *Neun Jahre später schreibt der König an den Komponisten:*

So schlecht sie war, so verstand ich doch das Wesen dieses göttlichen Werkes zu erkennen: in seiner Aufführung ward der Keim gelegt zu unsrer Liebe und Freundschaft bis zum Tod, von dort an ward der bald zur mächtigen Flamme werdende Funke für unsre heiligen Ideale in mir entzündet.

Und ein Jahr darauf:

Unzerreißbar ist das verknüpfende Band, fest auf ewig, heilig und tief beglückend die Liebe, die für Sie in meiner Seele glüht, und vor zehn Jahren hat ein Gott sie in mein Herz gelegt; Heil darum, dreifach Heil »Lohengrin« denn dort wurzelt die Eiche meiner treuen Liebe zu Ihnen.

Ludwig war neunzehn, als er Wagner zum ersten Mal begegnete. Hier eine Fotografie aus dem Jahr 1863.

Wagner war einundfünfzig, als er Ludwig zum ersten Mal begegnete. Diese Fotografie aus dem Jahr 1864 schenkte er dem König mit den Zeilen

So gibst nur Du die Kraft mir, Dir zu danken,
durch Königlichen Glauben ohne Wanken.

Richard Wagner.

Die ersten Briefe, die ersten Gedichte

Theurer huldvoller König!

Diese Thränen himmlischester Rührung sende ich Ihnen, um Ihnen zu sagen, dass nun die Wunder der Poësie wie eine göttliche Wirklichkeit in mein armes, liebebedürftiges Leben getreten sind! – Und dieses Leben, sein letztes Dichten und Tönen gehört nun Ihnen, mein gnadenreicher junger König: verfügen Sie darüber, als über Ihr Eigenthum!

Im höchsten Entzücken, treu und wahr Ihr

Unterthan

Stuttgart.
3 Mai 1864.

Richard Wagner

Teurer huldvoller König!

Diese Tränen himmlischester Rührung sende ich Ihnen, um Ihnen zu sagen, daß nun die Wunder der Poesie wie eine göttliche Wirklichkeit in mein armes, liebebedürftiges Leben getreten sind! – Und dieses Leben, sein letztes Dichten und Tönen gehört nun Ihnen, mein gnadenreicher junger König: verfügen Sie darüber als über Ihr Eigentum!

Im höchsten Entzücken, treu und wahr

Ihr Untertan
Richard Wagner

Stuttgart.
3. Mai 1864.

Verehrter Herr!

Ich beauftragte Hofrat Pfistermeister, mit Ihnen eine entsprechende Wohnung zu besprechen. – Seien Sie überzeugt, ich will alles tun, was irgend in meinen Kräften steht, um Sie für vergangene Leiden zu entschädigen. – Die niedern Sorgen des Alltagslebens will ich von Ihrem Haupte auf immer verscheuchen, die ersehnte Ruhe will ich Ihnen bereiten, damit Sie im reinen Äther Ihrer wonnevollen Kunst die mächtigen Schwingen Ihres Genius ungestört entfalten können! –

Unbewußt waren Sie der einzige Quell meiner Freuden von meinem zarten Jünglingsalter an, mein Freund, der mir wie keiner zum Herzen sprach, mein bester Lehrer und Erzieher. –

Ich will Ihnen alles nach Kräften vergelten! – Oh, wie habe ich mich auf die Zeit gefreut, dies tun zu können! – Ich wagte kaum die Hoffnung zu nähren, schon so bald imstande sein zu können, Ihnen meine Liebe zu beweisen. –

Mit den herzlichsten Grüßen

Ihr Freund Ludwig
König v. Bayern

den 5. Mai 1864

An meinen König

O König! holder Schirmherr meines Lebens!
Du höchster Güte wonnereicher Hort!
Wie ring' ich nun, am Ziele meines Strebens,
nach jenem Deiner Huld gerechten Wort!
In Sprach und Schrift wie such' ich es vergebens,
und doch zu forschen treibt mich's fort und fort,
das Wort zu finden, das den Sinn Dir sage
des Dankes, den ich Dir im Herzen trage!

Was Du mir bist, kann staunend ich nur fassen,
wenn mir sich zeigt, was ohne Dich ich war.
Mir schien kein Stern, den ich nicht sah erblassen,
kein letztes Hoffen, dessen ich nicht bar:
auf gutes Glück der Weltgunst überlassen,
dem wüsten Spiel auf Vorteil und Gefahr,
was in mir rang nach freien Künstlertaten,
sah der Gemeinheit Lose sich verraten.

Der einst mit frischem Grün sich hieß belauben
den dürren Stab in seines Priesters Hand,
ließ er mich jeden Heiles Hoffnung rauben,
da auch des letzten Trostes Täuschung schwand,
im Innern stärkt' er mir den einen Glauben,
den an mich selbst ich in mir selber fand:
und wahrt' ich diesem Glauben meine Treue,
nun schmückt' er mir den dürren Stab auf's neue.

Was einsam schweigend ich im Innren hegte,
das lebte noch in eines andren Brust:
was schmerzlich tief des Mannes Geist erregte,
erfüllt' ein Jünglingsherz mit heil'ger Lust;
was dies mit Lenzes-Sehnsucht hin bewegte
zum gleichen Ziel bewußtvoll unbewußt,
wie Frühlingswonne mußt' es sich ergießen,
dem Doppelglauben frisches Grün entsprießen.

Du bist der holde Lenz, der neu mich schmückte,
der mir verjüngt der Zweig' und Äste Saft:
es war Dein Ruf, der mich der Nacht entrückte,
wie winterlich erstarrt hielt meine Kraft.
Wie mich Dein hehrer Segensgruß entzückte,
der wonnestürmisch mich dem Leid entrafft,
so wandl' ich stolz beglückt nun neue Pfade
im sommerlichen Königreich der Gnade.

Wie könnte nun ein Wort den Sinn Dir zeigen,
der das, was Du mir bist, wohl in sich faßt?
Nenn' ich kaum, was ich bin, mein dürftig Eigen,
bist, König, Du noch Alles, was Du hast:
so meiner Werke, meiner Taten Reigen,
er ruht in Dir zu hold beglückter Rast;
und hast Du mir die Sorge ganz entnommen,
bin hold ich um mein Hoffen auch gekommen.

So bin ich arm und nähre nur das eine,
den Glauben, dem der Deine sich vermählt:
er ist die Macht, durch die ich stolz erscheine,
er ist's, der heilig meine Liebe stählt:
doch nun geheilt, nur halb noch ist er meine,
und ganz verloren mir, wenn Dir er fehlt.
So gibst nur Du die Kraft mir, Dir zu danken,
durch königlichen Glauben ohne Wanken!

Wagner an Ludwig (16. September 1864)

An meinen Freund

In düstrer Nacht lag lang die Kunst befangen,
An ihrem Himmel glänzt' kein einz'ger Stern,
Der Künstler rang mit Zweifelsqual und Bangen,
Das wahre Ziel, ach, stets lag es ihm fern.
Da wollt' das Schicksal, Kunde sollt' gelangen
Von »Dir« zu mir! – wie hörte ich sie gern.
Verschwunden ist die Nacht und all ihr Grauen;
Auf Dich ja dürfen Deine Freunde bauen! –

Es weicht die Nacht mit ihren Zweifelsqualen,
Die Wolken nun zerteilt ein hehres Licht,
Und siegend sendest Du uns goldne Strahlen,
Wir seh'n auf Dich und wir verzagen nicht.
Wir schlürfen Wonnen wie aus lichten Schalen: –
Dir treu stets beizusteh'n sei unsre Pflicht! –
Schwer ist der Kampf; doch wolle nicht verzagen,
Es folgt der Sieg den Streitesmüh'n und Plagen!

Die spät'ste Nachwelt, stets wird sie Dir danken
Und preisend einst dich manche Zunge nennt,
Wenn jetzt Du ringst mit Kampfmut sonder Wanken,
Das Feuer nie erlischt, das Dich entbrennt.
Wenn in Vergessenheit die meisten sanken,
»Du« setztest Dir ein ewig Monument.
Dein heil'ger Name, nie wird er verklingen,
Da für das Höchste Du willst mutig ringen.

Ludwig an Wagner (19. September 1864)

Der König als Mäzen

Ludwig versorgt den in schwierigen wirtschaftlichen Verhältnissen steckenden Wagner äußerst großzügig. Über die erste Begegnung mit dem Komponisten am 4. Mai 1864 berichtet der König seiner späteren Braut, der Herzogin Sophie von Bayern:

Hättest du Zeuge sein können, wie sein Dank mich beschämte, als ich ihm mit der Versicherung die Hand reichte: daß sein großes Nibelungenwerk nicht nur seine Vollendung, sondern auch eine Aufführung nach seinem Sinne finden werde, daß ich dafür treu Sorge tragen würde. Da beugte er sich tief auf meine Hand und schien gerührt von dem, was so natürlich war, denn er verblieb längere Zeit in der Stellung.

Richard Wagner an seine Freundin Mathilde Maier nach seiner Übersiedlung Mitte Mai in das Landhaus Pellet am Starnberger See, das ihm Ludwig zur Verfügung gestellt hatte:

Nachdem mein zukünftiges Verhältnis zu dem jungen König, wie ganz von selbst sich verstehend, spielend leicht geordnet war (er stellte mir sofort nach unserer ersten Zusammenkunft ein für München enormes Jahresgehalt von 4000 fl., freie Wohnung und die sofortige Auszahlung des Betrages eines vollen Jahresgehaltes zur Bestreitung der Übersiedelung zur Verfügung) – reiste ich – am Montag vor acht Tagen – nach Wien, um dort meine Angelegenheiten, welche durch die unglaublichste Kopflosigkeit bevollmächtigter Freunde in abscheuliche Verwirrung geraten, zu ordnen …

Ich habe nicht eine Spur von Verpflichtung übernommen: ich soll Ruhe, Entfernung aller Sorgen, Arbeitsmuße haben – nichts weiter. Will ich etwas aufführen, so schafft der König alles herbei, was ich brauche: das ist alles. Aber er liebt mich, und ich liebe ihn: unser Verhältnis ist gänzlich nur ein Liebesverhältnis. Er ist glücklich, mir etwas sein zu können. Ich lese ihm jetzt meine Dichtungen vor: über alles ihm unklar Gebliebene sucht er eifrigst Belehrung, mit Innigkeit und herrlicher Fassungskraft, seine Teilnahme ist oft erschütternd: seine wunderschöne Physiognomie wird tiefster Schmerz und höchste Freude, je nachdem ich sein Gemüt stimme. Nur eines macht ihn traurig, wenn er an mir Zweifel daran bemerkt, daß all meine künstlerischen Projekte wirklich zur Ausführung gelangen sollten: er will das Ideal erreicht und ausgeführt sehen und wird darum jeder Liebhaberei entsagen, um seine Mittel für meine Zwecke ungeschwächt zu erhalten ...

Du kannst Dir wohl denken, wie leicht es mir in dieser Fülle edelsten Glückes wird, jeder Eifersucht, jedem Neid auf das friedlichste zu begegnen. Alles kennt nun meinen enormen Einfluß auf den König: die Betroffenheit beginnt aber schon zu weichen. Niemand trete ich zu nah, keinen verdränge ich: der König verachtet mit mir das Theater; wie töricht wäre ich, wollte ich nur im mindesten mich damit abgeben. Nur in einem hielten wir (der Kabinettsrat und ich) für gut, die Wahrheit zu verschweigen, um den Neid nicht zu unmäßig zu steigern; dem Publikum wird ein bei weitem geringerer Gehalt angegeben, als das ist, den ich wirklich beziehe.

Eine nicht enden wollende Liebesszene

Aus dem umfangreichen Briefwechsel zwischen Ludwig und Wagner: der König an den Komponisten ...

Geliebter, Heiliger! –

Einem Funken bin ich gleich, der sich sehnt, in Ihrer Strahlensonne aufzugehen, von ihr beschienen zu werden und die Erde zu verlassen, wenn sie ihr nicht mehr leuchtet. –

Oh, wäre der Abend schon da, senkte sich doch die Sonne, käme der Mond, strahlten die Sterne, zum Zeichen, daß die Wonnen ihr Weben beginnen! – Ach, was ich glücklich bin! – In ewiger Liebe

Ihr
bis in den Tod getreuer, glückseliger
Ludwig

Geliebter! Einziger!

Oh, wie ich glücklich bin! – Wo bin ich? ... Ich sehe Walhalls Wonnen; oh, zu Siegfried, zu Brünhilde! – Welcher Strahlenkranz über Tristans Leiche! ... himmlisches Leben – zu Ihnen zu schweben! ... Wonne-Weben! ... Und dort der Gottgesandte ... Lohengrin! ... Vom Himmel naht alljährlich eine Taube ...! Tannhäuser, befreit von allem Irdischen. Die Liebe erlöst den Sünder! – Oh, sie kann alles! – Hinauf zu Euch! –

Dank, Geliebter, Dank, Dank! – Bald wiederzusehen! – Bis in den Tod

Ludwig

Traurig schleppen sich die Monde hin; hie und da suche ich durch vereinzelte Konzerte und Aufführungen mich einigermaßen zu erheitern, zu erfreuen – ach ein schwacher Ersatz für das, was so lange mir fehlt; o trostlose Leere, niedre Menschheit! Wir haben, stolz dürfen wir es uns zurufen, keinen Teil an ihr! – Oh Immermangelnder, versprich mir zu kommen; denn dann nur lebe ich, sonst sieche ich dahin, gehe freudlos zugrunde! ...

Ich liebe kein Weib, keine Eltern, keinen Bruder, keine Verwandten, niemanden innig und von Herzen, aber sie! Sie, mein Angebeteter, Einziger! Gott hat mir diese Liebe in die Seele tief gepflanzt; stark ist der Zauber dieser Liebe, ich darf es sagen, heilig und mächtig, es entkeimt ihr Erlösungskraft, die Wonnen bereiten kann; Mut! Freude, mein Freund, wir haben die Welt überwunden!

Einzig geliebter Freund! mein Erlöser! mein Gott!

Ich juble vor himmlischem Entzücken, ich rase vor Wonne; als ich heute meiner Sophie Ihren göttlichen Brief mitteilte, der mir Ihr Kommen meldet, erglühten ihre Wangen in Purpurröte, so innig fühlte sie meine Freude mit. – Oh, nun bin ich glücklich, nicht mehr verlassen in trostloser Öde, da ich den Einzigen in meiner Nähe weiß; oh, bleiben sie nun da, Angebeteter, für den einzig ich lebe, mit dem ich sterbe.

Oh Tag des Heiles! Wonnezeit. In ewiger Liebe, in unerschütterlicher Treue

Ihr Eigen
Ludwig

... und der Komponist an den König

Oh! Ich Kleinmütiger!!!

Also selbst in meiner Liebe zu ihm, dem Einzigen, muß er mich immer wieder mit Mut erfüllen! – Ich bin nichts mehr ohne ihn! Selbst zu lieben lehrt er mich erst. –

Ja, ja! In meinem tiefsten Innern fühlte ich dennoch immer – auch jetzt! –, daß er über jedes Gefühl der Schwäche erhaben ist – er weiß alles! Gott offenbarte ihm alles!

Oh, mein König! Du bist göttlich!

Aber auch nichts ist mehr in mir und um mich als dieses göttliche Element der erlösenden Liebe, wie es aus dem wunderbar tiefen Bronnen des Herzens meines himmlischen Freundes sich in mich und über mich ergießt! Hier bin ich selig, los und frei, ganz Ich, ganz Er! –

Gesegnet sei der göttliche König meines Lebens!

Foto von 1864, ein Geschenk Ludwigs an Wagner.

In den Berichten an Bekannte und Freunde schildert Wagner seine ersten Begegnungen mit Ludwig durchweg in Worten, wie sie einer wirklichen Liebesbeziehung angemessen sind.

Am 5. Mai 1864 an Mathilde Maier:

Unsere gestrige Zusammenkunft war eine große, nicht enden wollende Liebesszene.

Am 16. Mai an Peter Cornelius:

Täglich schickt er wiederholt nach mir; er ist unersättlich im Lernen und Lieben.

Am 26. Mai an Eliza Wille:

Ach! endlich ein Liebesverhältnis, das keine Leiden und Qualen mit sich führt! Wie mir es ist, diesen herrlichen Jüngling so vor mir zu haben! ... Täglich schickt er ein- oder zweimal. Ich fliege dann immer wie zur Geliebten. Es ist ein hinreißender Umgang ... Und dann diese liebliche Sorge um mich, diese reizende Keuschheit des Herzens, jeder Miene, wenn er mir sein Glück versichert, mich zu besitzen; so sitzen wir oft Stunden da, einer in den Anblick des Andren verloren.

Einige Tage später:

Ob ich dem »Weiblichen« ganz entsagen werde können? mit einem tiefen Seufzer sage ich nein, daß ich es fast wünschen müßte! – Ein Blick auf sein liebes Bild hilft wieder! Ach, dieser Liebliche, Junge! Nun ist er mir doch wohl alles, Welt, Weib und Kind!

Am 30. Juni:

Von der Herrlichkeit dieses Verhältnisses haben Sie doch gewiß noch keinen vollen Begriff ... kurz – das männliche Geschlecht hat sich durch diesen Vertreter vollständig bei mir rehabilitiert.

Am 17. Dezember an Mathilde Maier:

Du siehst, wie es mit uns beiden steht: – Einmal mußte es mir doch ganz glücken in der Liebe!

Der »Staatsvertrag«

In einer Audienz am 7. Oktober 1864 vereinbarten Ludwig und Wagner die Vollendung des Ring des Nibelungen. *Ein entsprechender Vertrag wurde am 18. Oktober ausgefertigt.*

Vertrag

abgeschlossen zwischen dem Komponisten Richard Wagner und dem königlichen Hofrat von Hofmann in München.

1.

Herr Richard Wagner übernimmt die Komposition seiner Dichtung *Der Ring des Nibelungen,* Festspiel für drei Abende und einen Vorabend, bestehend aus den einzelnen Werken: 1. Das Rheingold, 2. Die Walküre, 3. Siegfried, 4. Götterdämmerung, und verpflichtet sich, ein vollständiges, rein geschriebenes Exemplar bis längstens in drei Jahren von heute an in die Hände des Hofrates von Hofmann und dessen Bevollmächtigten abzuliefern.

2.

Das Werk wird Eigentum Sr. Majestät des Königs Ludwig II. von Bayern und kommen Allerhöchstdemselben die Besitzrechte, deren Vertretung Hofrat von Hofmann zu üben hat, mit dem Abschluß gegenwärtigen Vertrages zu.

3.

Herr Richard Wagner erhält als Honorar für die bezeichnete Komposition den Betrag von 30000 fl. aus der Kabinettskasse Sr. Majestät des Königs Ludwig II. von Bayern unter nachstehenden Zahlungsmodalitäten:

a) 15.000 fl. empfängt derselbe als Anzahlung heute,
b) 9000 fl. in sechs gleichen Ratenzahlungen zu 1500 fl.,
c) 6000 fl. in sechsunddreißig gleichen monatlichen Raten zu 166 fl. 40 Kr., deren erste am 1. November 1864, die letzte am 1. Oktober 1876 zahlbar ist.

Tristan und Isolde – die erste Münchner Uraufführung einer Wagner-Oper

Königl. Hof- und  National-Theater.

Samstag den 10. Juni 1865.
Außer Abonnement.
Zum ersten Male:

Tristan und Isolde

von

Richard Wagner.

Personen der Handlung:

Tristan	Herr Schnorr von Carolsfeld.
König Marke	Herr Zottmayer.
Isolde	Frau Schnorr von Carolsfeld.
Kurwenal	Herr Mitterwurzer.
Melot	Herr Heinrich.
Brangäne	Fräulein Deinet.
Ein Hirt	Herr Simons.
Ein Steuermann	Herr Hartmann.

Schiffsvolk. Ritter und Knappen. Isolde's Frauen.

Textbücher sind, das Stück zu 12 kr., an der Kasse zu haben.

Regie: Herr Sigl.

Neue Decorationen:

Im ersten Aufzuge: Zeltartiges Gemach auf dem Verdeck eines Seeschiffes, vom K. Hoftheatermaler Herrn Angelo Quaglio.
Im zweiten Aufzuge: Park vor Isolde's Gemach, vom K. Hoftheatermaler Herrn Döll.
Im dritten Aufzuge: Burg und Burghof, vom K. Hoftheatermaler Herrn Angelo Quaglio.

Neue Costüme

nach Angabe des K. Hoftheater-Costümiers Herrn Seitz.

Der erste Aufzug beginnt um sechs Uhr, der zweite nach halb acht Uhr, der dritte nach neun Uhr.

Preise der Plätze:

Eine Loge im I. und II. Rang	15 fl. — kr.	Eine Loge im IV. Rang	9 fl. — kr.
Ein Vorderplatz	2 fl. 24 kr.	Ein Vorderplatz	1 fl. 24 kr.
Ein Rückplatz	2 fl. — kr.	Ein Rückplatz	1 fl. 12 kr.
		Ein Galerienoble-Sitz	2 fl. 24 kr.
Eine Loge im III. Rang	12 fl. — kr.	Ein Parketsitz	2 fl. — kr.
Ein Vorderplatz	2 fl. — kr.	Parterre	— fl. 48 kr.
Ein Rückplatz	1 fl. 36 kr.	Galerie	— fl. 24 kr.

Heute sind alle bereits früher zur ersten Vorstellung von Tristan und Isolde gelösten Billets giltig.

Die Kasse wird um **fünf** Uhr geöffnet.

Anfang um sechs Uhr, Ende nach zehn Uhr.

Der freie Eintritt ist ohne alle Ausnahme aufgehoben und wird ohne Kassabillet Niemand eingelassen.

Repertoire:

Sonntag den 11. Juni: (Im K. Hof- und National-Theater) Martha, Oper von Flotow.
Montag den 12. „ : (Im K. Hof- und National-Theater) Elisabeth Charlotte, Schauspiel von Paul Heyse.
Dienstag den 13. „ : (Im K. Hof- und National-Theater) Mit aufgehobenem Abonnement: Zum ersten Male wiederholt: Tristan und Isolde, von Richard Wagner.
Donnerstag den 15. „ : (Im K. Hof- und National-Theater) Lalla Rookh, Oper von Felicien David.

Der einzelne Zettel kostet 2 kr. — Druck von Dr. C. Wolf & Sohn

Ludwig und Malvine Schnorr von Carolsfeld als Tristan und Isolde der Münchner Uraufführung vom 10. Juni 1865. Die Aufführung wird zu einem glänzenden Erfolg. Der Sänger Schnorr berichtet seinem Vater:

Die Wirkung war eine immense, eine vom ersten bis zum letzten Akt sich steigernde. Nach jedem Akt wurden wir stürmisch gerufen, nach dem letzten Akt führten wir Wagner in unserer Mitte. Der Augenblick, als wir Hand in Hand mit dem geliebten Meister dastanden, nach geschehener Tat, nach Besiegung aller der Schwierigkeiten und Hemmnisse, welche immer als unüberwindlich dargestellt worden waren, als wir selige Tränen weinten – dieser Augenblick wird in unserem Gedächtnisse frisch und stärkend leben, bis alles Denken ein Ende hat.

Kein Festspielhaus für Wagner

Ich habe den Entschluß gefaßt, ein großes steinernes Theater erbauen zu lassen, damit die Aufführung des »Ring des Nibelungen« eine vollkommene werde; dieses unvergleichliche Werk muß einen würdigen Raum für seine Darstellung erhalten; mögen Ihre Bemühungen in betreff tüchtiger dramatischer Sänger von schönem Erfolge gekrönt werden! Das Nähere über dieses Theater gedenke ich mündlich mit Ihnen zu besprechen; kurz, der Satz, welchen Sie in der Vorrede zum Gedichte »Der Ring des Nibelungen« anführen, soll in das Leben treten; ich rufe aus: »Im Anfang sei die Tat!«

An Wagner im November 1864

Wie freue ich mich auf Sempers Plan; erhielte ich ihn doch bald! –

Im Geiste sehe ich unser ersehntes Gebäude vor mir stehen in all seiner erhabenen Pracht, die sich auftürmenden Bögen der Sitze, die Säulenreihe, sehe das Volk ahnungsvoll vor dem Allerheiligsten von Wonneschauern durchbebt; es ertönen die mystischen Töne – es steigt der Vorhang, und nun entrollt sich vor unsern Seelen und Blicken die Handlung, das herrliche Drama: ich sehe die Götter und Helden vor mir, den Fluch des Ringes sich erfüllen! – Die Erlösung durch das nun wissende Weib! – Oh Wonne des Gedankens, alles wird erfüllt werden, mir sagt es der Geist. – Oh, Mut, Mut, mein Freund, mein Alles!

An Wagner am 21. Januar 1865

Ich sehe die Straße gekrönt vom Prachtbau der Zukunft; es strömt das Volk zur Vorführung der »Nibelungen«, des »Parsifal«! – Die Vorurteile schwinden, Bewunderung, höchste Freude hat sie alle ergriffen; alle Menschen werden Brüder, wo Dein sanfter Flügel weilt! – Seht ihr's, Freunde, seht ihr's nicht? Oh, die blinde Menge, die die Bedeutung dieses Werkes nicht faßt!

An Wagner am 16. September 1865

Ich brenne vor Begierde nach dem plastischen Modelle des von Ihnen zu schaffenden Festbaues. Wagner sprach mir jüngst über die von Ihnen gehegten Pläne. Wie genial gedacht und entworfen! Sie sind der einzige auf Erden, dies weiß ich bestimmt, dies sehe ich klar, welcher ein so bedeutungsvolles Werk zu erschaffen weiß. So vereinigten sich nun der größte der Architekten und der größte der Dichter und Tonkünstler ihres Jahrhunderts, um ein Werk zu vollführen, welches dauern soll bis in die spätesten Zeiten, zum Ruhm der Menschheit; so rufe ich Ihnen nun Heil zu aus ganzer Seele, Gedeihen Ihrem Werke! *An Gottfried Semper (12. Oktober 1865)*

Das Projekt wurde 1868 aufgegeben, vor allem wegen der zu erwartenden Kosten von fünf Millionen Gulden. Semper mußte schließlich sogar sein Entwurfshonorar von 32 600 Gulden einklagen.

Der Günstling stürzt

Richard Wagner versucht, auf den jungen König auch in politischer Hinsicht Einfluß zu nehmen. Vor allem dringt er auf einen personellen Wechsel im Kabinettssekretariat.

Worüber ich Dir bis jetzt nie gesprochen habe, ist, daß Wagner auch in politischer Beziehung zum König getreten, eine Art Marquis Posa geworden ist. Der König soll ihn ersucht haben, ihm seine Meinung über die deutschen Angelegenheiten zu sagen, und Wagner hat ihm seitdem in regelmäßigen Briefen seine Anschauungen auseinandergesetzt.

Der Maler Peter Cornelius am 15. November 1865 an seine Braut

Das geringste Übel, das dieser Fremdling über unser Land bringt, läßt sich in bezug auf seinen unersättlichen Appetit nur mit monatelang die Sonne verfinsternden Heuschreckenschwärmen vergleichen. Dieses schreckliche Bild einer Landplage aus pharaonischen Zeiten ist aber noch gar nichts gegen das Unheil, welches dieser sich maßlos überschätzende Mensch anstiften muß, wenn er statt Zukunftsmusik auch noch Zukunftspolitik treiben kann. – Der bezahlte Musikmacher, der Barrikadenmann von Dresden, der einst an der Spitze einer Mordbrennerbande den Königspalast in Dresden in die Luft sprengen wollte, beabsichtigt nunmehr, den König allmählich von seinen Getreuen zu trennen, deren Plätze mit Gesinnungsgenossen zu besetzen, den König zu isolieren und für die landesverräterische Idee einer rastlosen Umsturzpartei auszubeuten. *Aus dem »Neuen Bayerischen Kurier«*

Denn dies eine können Sie glauben: von irgendwelchem Prinzip, von irgendwelcher Parteistellung, gegen welche Wagner im Kampfe begriffen wäre, ist nicht die Rede, sondern es ist dies lediglich ein Spiel der gemeinsten persönlichen Interessen, welches sich noch dazu auf eine ungemein kleine Anzahl von Individuen zurückführen läßt; ich wage, Sie zu versichern, daß mit der Entfernung zweier oder dreier Personen, welche nicht die mindeste Achtung im bayerischen Volke genießen, der König und das bayerische Volk mit einem Male von diesen lästigen Beunruhigungen befreit wären.

Aus den »Münchner Neuesten Nachrichten«, Nr. 333 vom 29. November 1865. Den anonymen Artikel hat Wagner lanciert.

Ich höre, daß die Stimmung in München etwas erregter ist und daß man sich im Publikum viel mit R. Wagner beschäftigt. – Schenken Sie doch, ich ersuche Sie dringend, den Übertreibungen nicht Glauben, die man über meine Beziehungen zu ihm verbreitet. Man sagt sogar, was in der Tat unerhört ist, daß er mich von den Staatsgeschäften abziehe und Einfluß zu gewinnen suche. Ich verfolge durch ihn lediglich künstlerische Zwecke und ersuche Sie, bei jeder passenden Gelegenheit jenen Gerüchten zu widersprechen und sie auf jede mögliche Weise widerlegen zu lassen.

Ludwig am selben Tag an Minister von der Pfordten

Was Rich. Wagner betrifft, so ist hier allerdings die Stimmung sehr erregt, zumal seit dem offenbar von Wagner selbst ausgegangenen Artikel in Nr. 333 der Neuesten Nachrichten, in welchem in einer bisher von niemand gewagten Weise die »unerschütterliche Freundschaft« Euerer Majestät in Anspruch genommen und die Entfernung der Umgebung Allerhöchstderselben gefordert wird. Daß dabei manche Übertreibungen und Unrichtigkeiten unterlaufen mögen, will der treu gehorsamst Unterzeichnete nicht bezweifeln. Aber unbestreitbare Tatsachen sind der Aufenthalt Wagners in Hohenschwangau, die Erhebung ganz ungewöhnlicher Summen aus der Kabinettskasse, zuletzt von 40000 fl. durch Frau von Bülow, und die beispiellose Anmaßung und offen kundgegebene Einmischung Wagners in andere als künstlerische Gebiete...

Eure Majestät stehen an einem verhängnisvollen Scheidewege und haben zu wählen zwischen der Liebe und Verehrung Ihres treuen Volkes und der »Freundschaft« Richard Wagners.

Antwort von der Pfordtens vom 1. Dezember 1865

Wagner hatte die Kabinettskasse in einem Jahr 190000 Gulden gekostet.

Der König is König

Richard Wagner-G'stanz'ln

Nix scheners, als wenn man
Auf der Alm droben ist –
Aber an König zum Freund 'aben
Is scheener do gwiß!

Und wir hab'n uns so gern
Und die Liab is so groß,
Und sein Lebtag wird mi
Der König nit los.

Und der König is König.
Und i bin a Genie.
Und der König gibt's Geld her
Und i d'Fantasie.

Und mei narrische Musik
Hat mi no nie g'reut,
Denu der König, der hat dran
A narrische Freud.

Und wenn's mi verklagen
So gibt er ka G'hör,
Denn seit er mei Musik hört,
Hört er scho schwer!

Anonymes Gedicht
aus dem »Wiener Figaro«
(1865)

nd i bin a Genie

Die *Agnes Bernauer,*
Eine Baderstochter,
Warfen die Bayern in die Donau,
Weil sie ihren Fürsten bezaubert.
Ein neuer Salbader
bezaubert eurn König:
Werft ihn, ein zürnender Landsturm,
Nicht in die Isar, doch in den Schuldturm!

Franz Grillparzer (1865)

Musikalisches

Wäre Richard Wagner ein Alt-Baier,
Wäre der König in seiner Vorliebe freier,
Doch jetzt in seinem Sturm gegen Altgewohntes
Ist er für München ein Lolo Montes.

Franz Grillparzer (1865). Anlaß für dieses Epigramm war die Uraufführung von Tristan und Isolde *am 10. Juni 1865.*

Richard Wagner ist ein Mu-
sikus und Poet dazu,
es leckt ihm König Lu-
dewig den Staub vom Schuh.

Anonyme Knittelverse, eine Anspielung auf die Meistersinger. *Erschienen 1865 in der Wiener satirischen Zeitschrift »Der Floh«.*

Alle waren einig, daß die Gefahr für den jungen König höchst bedeutend sei ... Alle waren einig, daß drastische Mittel gewählt werden müssen, den jungen König auf den rechten Weg zu bringen, zum Bruch mit Wagner; daß im Notfalle das ganze Ministerium einmütig seinen Rücktritt erklären müsse.

Aus den Aufzeichnungen Justizminister von Bombards über die Kabinettssitzung am 6. Dezember 1865

Am selben Tag beschließt Ludwig nach ausführlichen Gesprächen mit Mitgliedern der Königsfamilie, des Klerus und mit seinem Leibarzt Gietl, Wagner zu entlassen. Noch am Abend überbringt ein Mitarbeiter des Kabinettssekretariats den Wunsch des Königs, Wagner müsse München für einige Monate verlassen.
Am nächsten Tag schreibt Ludwig an den Komponisten:

Mein teurer Freund!

So leid es mir ist, muß ich Sie doch ersuchen, meinem Wunsche Folge zu leisten, den ich Ihnen gestern durch meinen Sekretär aussprechen ließ. – Glauben Sie mir – ich mußte so handeln. Meine Liebe zu Ihnen währt ewig; auch ich bitte Sie, bewahren Sie mir immer Ihre Freundschaft; mit gutem Gewissen darf ich sagen, ich bin ihrer würdig. – Getrennt – wer darf uns scheiden? –

Ich weiß es, Sie fühlen mit mir, können vollkommen meinen tiefen Schmerz ermessen; ich konnte nicht anders, seien Sie davon überzeugt; zweifeln Sie nie an der Treue Ihres besten Freundes. – Es ist ja nicht für immer. –

Bis in den Tod

Ihr
treuer Ludwig

An Minister von der Pfordten am selben Tag:

Mein lieber Herr Staatsminister!

Mein Entschluß steht fest – R. Wagner muß Bayern verlassen. Ich will meinem teuren Volke zeigen, daß sein Vertrauen, seine Liebe mir über alles geht. – Sie werden ermessen, daß es mir nicht ganz leicht wurde; doch ich habe überwunden.

Cosima Wagner, gesch. von Bülow, geb. Liszt (1837–1930). Eine Aufnahme mit Richard Wagner (1872).

Die Tochter Franz Liszts hatte 1857 ihren Klavierlehrer Hans von Bülow, der später die Münchner Uraufführungen von Tristan und Isolde *(1865) sowie der* Meistersinger von Nürnberg *(1868) dirigierte, geheiratet. Zur endgültigen Trennung kam es 1868, zur Scheidung zwei Jahre später. Grund war das Verhältnis Cosimas zu Richard Wagner: Am 10. April 1865 kam die gemeinsame Tochter Isolde zur Welt, am 17. Februar 1867 wurde in Triebschen die Tochter Eva geboren, und am 6. Juni 1869 folgte schließlich der Sohn Siegfried. Am 25. August 1870 heirateten Cosima von Bülow und Richard Wagner, einen Monat nach der Scheidung Cosimas von Bülow.*

Es ist kein echter Ton in ihr; Kuhglocken sind mir lieber.

Über Cosima von Bülow

Ludwig am 8. Dezember 1865 an Wagner:

Mein teurer, innig geliebter Freund!

Worte können den Schmerz nicht schildern, der mir das Innere zerwühlt. – Was irgend nur möglich, soll geschehen, um jene elenden, neuesten Zeitungsberichte zu widerlegen. – Daß es bis dahin kommen mußte! Unsere Ideale sollen treu gepflegt werden; dies brauche ich Ihnen kaum erst zu versichern. – Schreiben wir uns oft und viel, ich bitte darum. – Wir kennen uns ja, Wir wollen von der Freundschaft nie lassen, die Uns verbindet! – Um Ihrer Ruhe willen mußte ich so handeln. Verkennen Sie mich nicht, selbst nicht auf einen Augenblick; es wäre Höllenqual für mich. – Heil dem geliebten Freunde! Gedeihen seinen Schöpfungen, herzlichen Gruß aus ganzer Seele von

Ihrem
treuen Ludwig

Am 10. Dezember verläßt Richard Wagner München.

Der Frevel, der an mir begangen worden, fordert meine Rache.

Wagner an Hans von Bülow (23. Dezember 1865)

Die Münchner Uraufführungen von Wagner-Opern

Tristan und Isolde

10. Juni 1865

Kosten für die Hofkasse: 56 500 Gulden

Einziger! – Heiliger! –

Wie wonnevoll! – Vollkommen. So angegriffen von Entzücken! – ... Ertrinken ... versinken – unbewußt – höchste Lust. –

Göttliches Werk!

Ewig treu – bis über den Tod hinaus

An Wagner, unmittelbar nach der Aufführung

Die Meistersinger von Nürnberg

21. Juni 1868

Überhaupt war die gesamte Aufführung unübertrefflich; alles, vom Meister bis zum Lehrjungen, leistete das Höchste und Beste, alle waren von jenem hehren Geiste erfüllt, ohne welchen eine derartige Aufführung absolut unmöglich sein würde. Wagner, welcher trotz der stürmischen Rufe nach dem ersten Akte noch nicht erschien, wohnte dem größten Teil der Aufführung zur linken Seite des Königs bei, welcher sich nach jedem Aktschlusse schnell entfernte, während sich W. von der Brüstung der königlichen Loge aus vor dem jubelnden Publikum verbeugte. Dies erregte ganz ungewöhnliche Sensation, welche sich rasch in dem geflügelten Worte Bahn brach: »Horaz neben Augustus!«

»Neue Zeitschrift für Musik«

Das Rheingold

22. September 1869

Kosten für die Hofkasse: 29 100 Gulden

Wagner wendet sich gegen die Inszenierung; die Uraufführung findet gegen seinen Willen statt. Kurz vorher telegrafiert Ludwig an seinen Kabinettssekretär Lorenz von Düfflipp:

Den nichtswürdigen und ganz unverzeihlichen Intrigen von Wagner und Konsorten muß schleunigst ein Ende gemacht werden. Ich erteile Ihnen hiermit den bestimmten Befehl, daß die Vorstellung am Sonntag stattfinde. Richter ist sogleich zu entlassen. Wagt W*(agner)* sich neuerdings zu widersetzen, so ist ihm das Gehalt für immer zu entziehen und nie mehr ein Werk von ihm auf der Münchner Bühne aufzuführen.

Die Walküre

26. Juni 1870

Kosten für die Hofkasse: 41 500 Gulden

Auch gegen diese Inszenierung hat der Meister Einwände. Er schreibt Mitte Juni an Ludwig:

Mein großmütiger Herr und König!

Noch einmal beschwöre ich Sie: lassen Sie die »Walküre« für sich aufführen, schließen Sie aber das Publikum aus. ... Können – oder wollen – Sie meiner Bitte keine Gewährung schenken, so werde ich – da ich die unerträglichsten Folgen voraussehe – zwar nie in Unmut verfallen, doch müßte ich auf lange Zeit vor Ihnen verstummen: denn allem kann ich wehren, alles erdulden, weil es Ihrem Wunsche gilt; dem tiefen Schmerze aber, mit welchem mich dieses unerhörte Verfahren mit meinem Werke erfüllt, kann ich unmöglich wehren: er faßt mich, trotz allem Vorsatz, weil er mächtiger als meine Besorgtheit für meine Ruhe ist. –

Ein Festspielhaus für Wagner

Im Frühjahr 1870 hatte Richard Wagner den Plan gefaßt, sein Festspielhaus in Bayreuth zu errichten. Am 1. März 1871 schreibt er an Ludwig:

Ich muß dort leben, wo ich mir zugleich einen angemessenen Wirkungskreis bereitet wissen kann: Dies muß im Herzen Deutschlands sein, und glücklich bin ich, diesen jetzt auserwählten Punkt in Ihrem Königreich inbegriffen gefunden zu haben.

Rund drei Jahre später droht das hochfliegende Projekt an finanziellen Schwierigkeiten zu scheitern. Das Festspielhaus kann nur durch einen 100000 Taler-Kredit Ludwigs fertiggestellt werden: Am 1. August 1875 ist die Grundsteinlegung, ein Jahr später finden die ersten Bayreuther Festspiele statt.

Leben wie in der Oper

Hunding-Hütte in der Nähe von Schloß Linderhof. Ludwig ließ sie 1876, im Jahr der ersten Bayreuther Festspiele, errichten. Das Interieur folgt dem ersten Akt der Walküre *im Bühnenbild, wie es Christian Jank für die Münchner Uraufführung von 1870 entworfen hatte.*

Luise von Kobell berichtet, daß der König

bisweilen stundenlang einsam darin saß, in irgendeine Lektüre vertieft, deren Inhalt im schärfsten Gegensatz zu dem urwüchsigen Bärenhäutertum stand, das ihn umgab. Oder er ergötzte sich an den lebenden Bildern, die ein auf sein Geheiß inszeniertes Metgelage im altgermanischen Stile darbot.

Siegfried im Kampf mit dem Drachen (Neuschwanstein).

Vorhang mit den Insignien des Königs (Herrenchiemsee).

Im nämlichen Walde ließ ich diesen Sommer eine Einsiedlerhütte, an einen Felsen angelehnt, errichten, wie jene von Gurnemanz, nahe einer Wiese, die im nächsten Jahre zur blumigen Au sich verschönen wird; eine Quelle fließt dicht dabei, alles mahnt mich dort an jenen feierlich ernsten Karfreitagsmorgen Ihres wonnevollen »Parsifal« der mit überwältigender Macht mir bis in die tiefste Seele drang und Tränen der heiligst reinsten Rührung mir in's Auge treten ließ, mir, der wahrlich das Weinen nicht gewohnt ist. Dort auf geweihter Stätte höre ich

Die Einsiedelei des Gurnemanz (erbaut 1877) lag unweit der Hunding-Hütte (beide sind heute zerstört). Sie setzt das Bühnenbild des dritten Aufzugs des Parsifal *in die Realität um.*

ahnungsvoll schon die Silberposaunen aus der Gralsburg erschallen; dort höre ich im Geiste aus Montsalvat vom unnahbaren Berge herniedertönen; dort ist mir so wohl zumute, bei jener Quelle, wo Parsifal des wahren, echten Königtums Weihe empfing, das durch Demut und Vernichtung des Bösen im Innern erworben wird, worin die wahre Gewalt liegt! ... dort ist es gut sein und der Genuß des Versenkens in den Geist der altgermanischen und mittelalterlichen Dichtungen und Sagen ein erhöhter.

An Richard Wagner (30. August 1877)

Die letzten Briefe

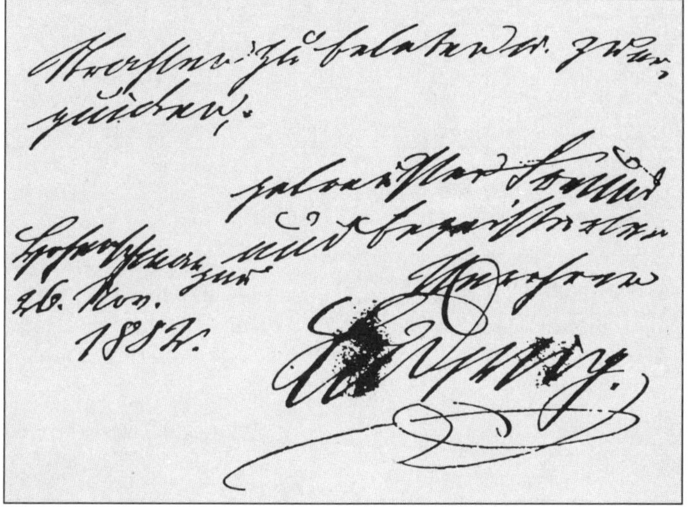

Der letzte Brief Ludwigs an Wagner vom 26. November 1882 schließt mit den Worten:

> In inniger Liebe, nie wankender Treue, des hehren Lichtes, das lange, recht lange noch leuchten möge, um die Welt sonnengleich mit seinen überirdischen Strahlen zu beleben und zu erquicken,
>
> getreuester Freund und begeisterter Verehrer
> Ludwig

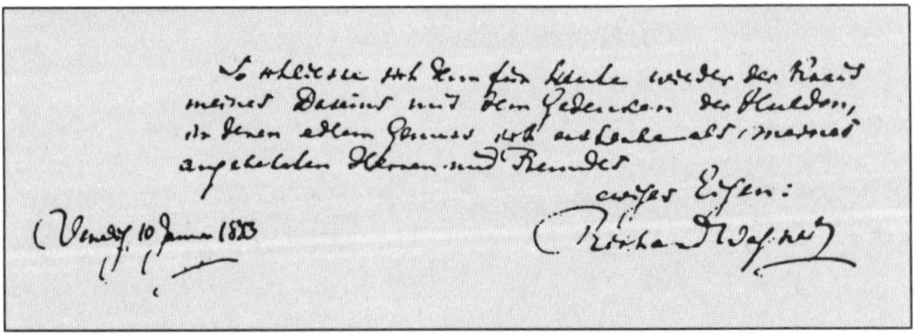

Der letzte Brief des Komponisten an seinen königlichen Freund und Förderer vom 10. Januar 1883 endet:

So schließe sich denn für heute wieder der Kreis meines Daseins mit dem Gedenken der Hulden, in deren edlem Genuß ich ersterbe als meines angebeteten Herren und Freundes

ewiges Eigen:
Richard Wagner

Richard Wagner stirbt am 13. Februar 1883 in Venedig. Als man Ludwig die Nachricht überbringt, sagt er nach einem Bericht des Hofsekretärs Ludwig von Bürkel:

Wagners Leiche gehört mir.

Die Staatsfadaisen oder Chronologie eines Rückzugs

Der neunzehnjährige König beginnt seine Regentschaft mit guten Vorsätzen:

Der liebe Gott wird mir (mit festem Vertrauen blicke ich zu Ihm) sicher seinen Beistand in meinem schweren Berufe nicht versagen; ich bringe ein Herz mit auf den Thron, das in väterlicher Liebe für sein Volk schlägt, für seine Wohlfahrt erglüht; – davon können alle Bayern überzeugt sein! Was immer in meinen Kräften steht, will ich tun, um mein Volk zu beglükken; sein Wohl, sein Friede seien allein die Bedingnisse zu meinem eigenen Heil und Frieden!

An Baronin von Leonrod, seine ehemalige Erzieherin (17. März 1864)

Ludwig. *(1864)*

Morgens kommen die Sekretäre um ½9 – ½10 oder 10 Uhr. Zweimal in der Woche kommt Hofmann *(der Hofsekretär)*, dieser um 10–11; um 11 Uhr jeden Tag ein Minister, dann nehme ich ein zweites Frühstück ein und erteile gewöhnlich um 12 Uhr Audienzen, fahre und gehe; um 4 Uhr ist die Tafel, um 6 Uhr kommt abwechselnd je einer von den Sekretären, Leinfelder *(Beamter des Kabinettssekretariats)* liest dann die Zeitungen vor, was bis gegen 9 Uhr dauert; dann ist Tee.

An Baronin von Leonrod (April 1864)

Im jugendlichen Feuereifer, alles rasch zu erledigen, ließ der König anfangs sogar öfters im Kabinett anfragen, ob von den Ministern keine Anträge zur Unterschrift gekommen seien.

Luise von Kobell

Doch schon Anfang des nächsten Jahres werden die Audienzen vermindert:

Ich sehe, wie immer, täglich einen der Minister und erteile nun zweimal in der Woche Audienzen; dadurch gewinne ich Zeit zum Lesen, was mir stets ein hoher Genuß ist …

Im ganzen lebe ich, soviel als tunlich, zurückgezogen.

An Baronin von Leonrod (22. Januar 1865)

Der König residiert in Berg. Von verschiedenen Seiten erfahre ich übereinstimmend, daß Seine Majestät sich selbst von ihrer nächsten, persönlichen Umgebung fast ganz isoliere und hauptsächlich an langen scharfen Ritten, sogar an mehrtägigen Ausflügen zu Pferde im strengsten Inkognito und nur in Begleitung eines Reitknechtes Gefallen finde.

Der hannoveranische Gesandte Freiherr von Ompteda in seinem Tagebuch (30. Juni 1865)

Es wäre geradezu unhöflich und verletzend … Jede Stellung hat eben ihre Konsequenzen und Pflichten, auch die eines Königs. Es gibt dagegen keine Hilfe.

Minister von der Pfordten an das Kabinettssekretariat, als Ludwig den Besuch König Wilhelms I. von Preußen vermeiden will (August 1865)

Daß ich ein paar Monate im besten Wohlsein in Berg zubrachte, wird Dir bekannt sein; ich unternahm von dort aus viele herrliche Reitausflüge ins Gebirge, die mir alle sehr gut bekamen … Seit ein paar Wochen bin ich wieder in meinem lieben, trauten Hohenschwangau … Im nächsten Winter werde ich dann neu gestärkt an die Arbeit gehen, die mein wichtiger Beruf mir auferlegt, ich werde der ernsten Studien mich befleißi-

Wappen von König Ludwig II. an einer Kutsche.

gen und alle meine Kräfte aufbieten, um mein teures Bayernvolk glücklich zu machen.

An Baronin von Leonrod (August 1865)

Ich halte es für höchst bedenklich, wenn Seine Majestät auf länger von hier weggeht ... Ich kann nur dringend bitten, daß der König jetzt seinem Berufe lebe, nicht bloß der Neigung.

Minister von der Pfordten (Oktober 1865)

Our royal master lebt und webt fortwährend in den Reichen der Sage, der Poesie, Musik, des Dramas. Das Theater ist seine Welt, der Inbegriff aller Herrlichkeit für ihn. Von der übrigen Welt, von der Prosa des Lebens will er nichts wissen, möchte sich das alles möglichst ferne halten. An irgend ernsthafte Studien ist gar nicht zu denken. Was wird daraus werden? Und gerade jetzt brauchten wir dringend wegen der deutschen Verwicklung einen Monarchen von Urteil und Willenskraft!

Der katholische Theologe Ignaz von Döllinger (Februar 1866)

Der junge König führt sein indolentes Leben fort und sieht im Grunde nur den Pianisten Bülow. Er sagt: »Ich will keinen Krieg!« und bekümmert sich des weiteren nicht um die Sache.

Der österreichische Gesandte Graf Blome an seine Regierung (März 1866)

Ich halte fortgesetzt den jugendlichen König Ludwig für ganz ungemein befähigt, wovon schon der erste Anblick seiner höchst bedeutenden Physiognomie Sie überzeugen würde. Wie sich Regenteneigenschaften bei ihm entwickeln werden, ist nun allerdings die große Frage. Einer unbegreiflich sinnlosen Erziehung ist es gelungen, in dem Jünglinge einen tiefgehenden, bis jetzt noch ganz unüberwindlich sich zeigenden Widerwillen gegen ernstliche Beschäftigung mit Staatsinteressen zu erwecken, welche er, verachtungsvoll gegen alle hierbei Beteiligten, ganz nur nach der vorgefundenen Routine durch die vorgefundenen Beamten, wie mit Ekel, abtun läßt. Seine Familie, der ganze Hof ist ihm widerwärtig, das Armee- und Soldatenwesen verhaßt, der Adel lächerlich, die Volksmasse verächtlich; über Pfaffenwesen ist er klar und vorurteilslos, in betreff der Religion ist er ernst und inbrünstig.

Richard Wagner an Konstantin Frantz (März 1866)

1866

Während der Krise von 1866 denkt Ludwig an Abdankung. Am 11. Mai hatte er den Befehl für die Mobilmachung der bayerischen Truppen zum 22. Juni erteilt; vier Tage danach telegrafiert er an Wagner:

Stets sich steigernde Sehnsucht nach dem Teuern. Immer mehr verfinstert sich der Horizont, der grelle Schein der friedlichen Tagessonne martert unsäglich. Ich bitte den Freund um baldige Antwort auf folgende Fragen: Wenn es des Teuren Wunsch und Wille ist, so verzichte ich mit Freuden auf die Krone und den öden Glanz, komme zu ihm, um nimmer mich von ihm zu trennen. Und wenn er am geheimnisvollen Webstuhl sitzt und die wonnigen Werke schafft, so sei es meine Sorge, ihn fernzuhalten von der Welt, die Frieden und Ruhe raubt; denn nochmals muß ich es sagen: länger getrennt und allein zu sein, kann ich nicht ertragen. Vereint aber und bei ihm, dem irdischen Dasein entrückt, ist das einzige Mittel, mich vor Verzweiflung und Tod zu bewahren. Dies ist nicht die Eingebung flüchtiger Aufwallung, es ist fürchterlich qualvolle Wahrheit! Ich sehne mich nach Antwort.

Ludwig

Dem Telegramm folgt am selben Tag ein Brief:

Erbarmen Sie sich meiner, telegrafieren Sie gleich nach Erhaltung dieser Zeilen, Sie wollten kommen, und zwar bald, sehr bald; kommen, um nie mehr zu scheiden; oh, erfüllen Sie diese flehende Bitte! glauben Sie mir, Ihr Freund geht sonst rettungslos zugrunde. – Zu diesem Zeitpunkte kann ich nicht abreisen, wegen der vielen Geschäfte; ich möchte abdanken; auch dieses fiele mir leicht, wenn ich annehmen könnte, daß der Freund es will; mit Freuden verzichte ich auf die Güter der Erde und folge Ihnen nach.

Die politische Lage spitzt sich zu; Ludwig aber befindet sich mit seinem Adjutanten auf der Roseninsel im Starnberger See.

Seit gestern ½6 Uhr sind der erhabene Freund und ich hier fern vom ekligen Getriebe der gemeinen Welt, auf der schönen Roseninsel, wo wir den Erinnerungstag an die erste »Tristan«-Aufführung feierten und uns sowohl durch Lektüre ausführlicher, eingehender Beschreibungen derselben als auch durch die Besprechung des großen Werkes in die Zeit der vorjährigen Aufführung versetzten.

Paul Taxis an Wagner (11. Juni 1866)

Seit Montag befindet sich der König auf der Roseninsel. Er hat dahin drei Betten bringen lassen, eines für sich, eines für den Adjutanten Fürst Taxis, eines für den Reitknecht Völk. Dort wohnt er nun, und drei Tage hindurch haben ihn weder die Minister noch die Kabinettssekretäre sprechen können. Ein Boot bringt die zu unterschreibenden Papiere hin und zurück. Der Empfang der Adreßdeputation aus der Reichsratskammer wurde abgelehnt. Hingegen sah man neulich abend Seine Majestät ein Feuerwerk auf seiner Insel abbrennen. So in dem Augenblicke, wo es sich um Krieg und Frieden handelt.

Der österreichische Gesandte Graf Blome
an seine Regierung

Der König sieht jetzt niemand. Er wohnt mit Taxis und dem Reitknecht auf der Roseninsel und läßt Feuerwerke abbrennen. Auch die Reichsräte, welche ihm die Adresse überbringen wollten, sind nicht empfangen worden. Ein Fall, der im konstitutionellen Leben Bayerns unerhört ist. Ergebenheitsadressen nicht zu empfangen, und zwar von dem getreuen Reichsrat, das stimmt die hohe Kammer sehr trüb. Die eigentlichen Münchener räsonieren wieder recht. Andre Leute kümmern sich nicht um die Kindereien des Königs, da er ja die Minister mit den Kammern ganz ungestört regieren läßt. Es ist aber sein Benehmen unklug, weil es dazu Gelegenheit bietet, ihn verhaßt zu machen.

Fürst Hohenlohe in seinem Tagebuch

Ludwig zieht sich auf die Roseninsel zurück. Minister Pfistermeister meldet ihm den Truppenausmarsch. Zeichnung von Joseph Watter (1866).

Bei meinen damaligen wiederholten Besuchen in München und im bayerischen Gebirge wurden mir Geschichten erzählt, die für mich doppelt betrübend waren, wenn ich annehmen zu dürfen glaubte, daß sie zur Hälfte boshafte Erfindungen, auf einen bestimmten Zweck berechnet, seien. In München erzählte man sich, von der Pfordten, welcher nach Schloß Berg gefahren, um den König in dringenden Staatsangelegenheiten zu sprechen, sei nicht vorgelassen worden, und die Dienerschaft habe sogar die Meldung verweigert; eigenmächtig aber eingedrungen, habe der Minister den König und den Prinzen Taxis, als Barbarossa und Lohengrin kostümiert, in einem dunkeln Saale bei künstlichem Mondschein getroffen, und das war die unbedenklichste der umlaufenden Geschichten. Rund um den Starnberger See sprach das Volk von den mysteriösen Beschäftigungen des Königs auf der kleinen Roseninsel, auf welcher er sich mit einem einzigen Gefährten und einem Diener Tage und Nächte aufhielt und auf welche er, man begriff nicht zu welchem Zweck, hatte Pferde bringen lassen.

Der Schriftsteller und Politiker Julius Fröbel in seinen Erinnerungen

1870/71

Auch während des deutsch-französischen Kriegs von 1870/71 versucht Ludwig, sich seinen Repräsentationspflichten zu entziehen. Zur Feier des Siegs von Sedan am 1. September 1870 erscheint er nicht in der Öffentlichkeit.

Als bei der Sedansfeier der Festzug an der Residenz vorüberzog, wurde Königin Marie, welche sich am Fenster befand, lebhaft begrüßt; des Monarchen Wegbleiben, das Verschmähen der Huldigung, rief eine Mißstimmung im Publikum hervor ... Der König fühlte und vernahm, daß man Vergleiche anstelle zwischen dem Könige von Preußen und dem Könige von Bayern, die günstig für den Hohenzollern ausfielen, aber er war im Banne seines Trübsinns.

Luise von Kobell

An König Ludwig II. von Bayern

Das war ein Wort aus Königsmunde!
Das war ein Wort aus deutschem Geist!
Aus Bayerland die hohe Kunde,
Wie sie ganz Deutschland mit sich reißt!

»Nicht soll«, so sprachst du, »Deutschland klaffen!
Verstumme, welsch Verführerwort!
Auf, meine Bayern, zu den Waffen!
Zum Rhein, wir sind die ersten dort!

Was alter Zwist und Wahn gesündet,
Verflogen sei's wie Wind und Spreu!
Mit Schwertschlag sei's dem Feind verkündet:
Echt ist wie Stahl die Bayerntreu!«

Das wird dir Deutschland ewig danken,
Daß groß dich fand die große Zeit.
Um deine Schläfe seh ich ranken
Den Lorbeer der Unsterblichkeit.

An eigner Lüge wird zunichte
Lob, Ruhm und Titel, die nicht wahr;
Dich aber nennt die Weltgeschichte
Ludwig den Deutschen immerdar.

Felix Dahn (Juli 1870)

So lang dem Heer das
deutsche Banner weht,
Sei der geehrt, der es zuerst erhöht,
So lang der Bau des Reichs die
Zinne trägt,
Sei dem gedankt, der treu den Grund gelegt,
Der mit der Krone Zier geschmückt das Dach
und sprach: Dem Kaiser huldigt Wittelsbach.

Heil dem Erlauchten, Bayerns edlem König,
Ludwig dem Deutschen, Heil ihm tausendtönig!

Paul Heyse (1871)

Am 23. November 1870 werden in Versailles die Verhandlungen über die Einigung Deutschlands abgeschlossen; Bayern erhält Sonderrechte. Bismarck will Ludwig dazu bringen, daß er den König von Preußen zur Übernahme der Kaiserkrone auffordert. Doch zunächst sperrt sich Ludwig. Erst seinem Vertrauten, dem Oberstallmeister Maximilian Graf von Holnstein gelingt es, den König umzustimmen und ihn dazu zu bewegen, den »Kaiserbrief« zu schreiben – den Bismarck entworfen hatte. Über die Vorgänge in Hohenschwangau berichtet der Hofmarschall des preußischen Kronprinzen, Graf August zu Eulenburg:

Graf Holnstein sagte mit Bezug hierauf, er sei in Versailles ganz sicher gewesen, daß der König hinter seinem Rücken von seinen guten Intentionen zurückgebracht werden würde, und habe er daher Graf Bismarck gegenüber darauf bestanden, selbst nach Bayern zurückzukehren und den König zur Abfassung des bekannten Briefes zu bewegen. In Hohenschwangau angekommen, habe er nicht Zutritt zu Sr. Majestät erlangen können. Der König habe sich, sobald er von Holnsteins Ankunft gehört, sofort zu Bette gelegt und Zahnschmerzen bekommen. Nach vergeblichem Warten von morgens 10 Uhr (?) bis nachmittags ¾4 4 Uhr habe er Sr. Majestät melden lassen, daß er Punkt 6 Uhr die Rückreise nach Versailles antreten und bis dahin eine Allerhöchste Antwort haben müsse. Darauf sei er endlich vorgelassen worden und habe nun mit dem im Bette liegenden und ganz in Decken eingewickelten König bis ½6 Uhr einen harten Kampf gehabt, um so peinlicher, als Se. Majestät ihm nicht mit sachlichen Gründen widersprochen habe, da er Holnstein im Glauben lassen wollte, daß seine Intentionen sich in den letzten Wochen nicht geändert hätten, sondern ihn mit allerlei nichtigen Vorwänden hinzuhalten gesucht hätte. Graf Holnstein sei endlich dazu gekommen, dem Könige den mit Graf Bismarck vereinbarten und von Graf Bray im Eisenbahnkupee redigierten Entwurf zu dem Briefe vorzulesen, und habe nun die letzte Viertelstunde mit der Uhr in der Hand dem Könige wiederholt, daß er, Holnstein, um sein Wort einzulösen und zur verabredeten Zeit wieder in Versailles zu sein, Schlag 6 Uhr von Hohenschwangau abreisen müsse; habe Se. Majestät den Brief bis dahin nicht geschrieben, so wäre diese

Phase unwiederbringlich vorbei, und man werde sich in Versailles anders zu helfen wissen. Der König sei gewiß vollkommen frei, zu tun und zu lassen, was er wolle, aber Holnstein, als des Königs treuergebener Diener, müsse Sr. Majestät zu bedenken geben, daß das Infragestellen des vom deutschen Volke verlangten Kaisertums durch Übelwollen des Königs von Bayern, dessen Truppen vor Paris ständen und dort vielleicht den Kaiser ohne Befehl ausrufen würden, den widerstrebenden König dem eigenen Volke gegenüber in eine Lage bringen müßte, welcher Se. Majestät sich am besten durch einen Aufenthalt in der Schweiz entziehen würde. – Der König sei nun aufgestanden und an den Schreibtisch gegangen, habe dann aber wieder erklärt, wegen Mangels an passendem Papier nicht schreiben zu können; Holnstein habe um die Erlaubnis gebeten, schellen zu dürfen, bevor er dies aber ausgeführt, sei das Papier auf einmal dagewesen, und der König habe nun geschrieben, ohne ein Wort zu sagen.

Der Kaiserbrief

Allerdurchlauchtigster Großmächtigster Fürst!
Freundlich lieber Bruder und Vetter!

Nach dem Beitritte Süddeutschlands zum deutschen Verfassungsbündnis werden die Ew. Majestät übertragenen Präsidialrechte über alle deutschen Staaten sich erstrecken.

Ich habe mich zu deren Vereinigung in einer Hand in der Überzeugung bereit erklärt, daß dadurch den Gesamtinteressen des deutschen Vaterlandes und seiner verbündeten Fürsten entsprochen werde, zugleich aber in dem Vertrauen, daß die dem Bundespräsidium nach der Verfassung zustehenden Rechte durch Wiederherstellung eines deutschen Reiches und der deutschen Kaiserwürde als Rechte bezeichnet werden, welche Ew. Majestät im Namen des gesamten deutschen Vaterlandes aufgrund der Einigung seiner Fürsten ausüben.

Ich habe mich daher an die deutschen Fürsten mit dem Vorschlage gewendet, gemeinschaftlich mit mir bei Ew. Majestät in Anregung zu bringen, daß die Ausübung der Präsidialrechte des Bundes mit Führung des Titels eines deutschen Kaisers verbunden werde. Sobald mir Ew. Majestät und die verbündeten Fürsten Ihre Willensmeinung kundgegeben haben, werde ich meine Regierung beauftragen, das Weitere zur Erzielung der entsprechenden Vereinbarungen einzuleiten.

Mit der Versicherung der vollkommensten Hochachtung und Freundschaft verbleibe ich

Eurer Königlichen Majestät
freundwilliger Vetter, Bruder
und Neffe
Ludwig

Hohenschwangau,
d. 30. Nov. 1870

meinung kundgegeben haben, werde
ich Meine Regierung beauftragen,
das Weitere zur Erzielung der
entsprechenden Vereinbarungen
einzuleiten.

Mit der Versicherung der vollkommensten Hochachtung und
Freundschaft verbleibe ich

Eurer Königlichen Majestät

freundwilliger Vetter
und Bruder

Ludwig

Hohenschwangau den 30. Nov. 1870.

An des Königs von Preußen Majestät.

Die letzte Seite des Kaiserbriefs.

Denke nur, Otto, aus politischen Gründen, gedrängt von allen Seiten, habe ich mich veranlaßt sehen müssen, zum Truppeneinzug den Kronprinzen von Preußen einzuladen, was mich geradezu zur Verzweiflung bringt; ach, es ist wirklich kein Wunder, daß seit dem vorigen Jahre (Feldzug, Abschluß der Verträge etc. etc.) mir das Regieren und die Leute verhaßt wurden, und doch ist die königliche Stellung und das Herrscheramt das Schönste, Erhabenste auf Erden. Wehe mir, daß ich in eine solche Zeit hineingeschneit wurde, in der mir alles vergällt wird.

An seinen Bruder Otto (Juli 1871)

(1874)

Es ist so himmlisch in Gottes freier Natur im geliebten Mai; aber die politische Lage, die Menschen im großen und ganzen, so vieles verdirbt mir die Freude am Dasein, das doch so schön und freudereich sein könnte und sollte; aber die Folgen von 70 und 71 verbittern mir die Existenz, die sich wahrlich anders hätte gestalten sollen; ich habe es verdient, ich darf es sagen, daß nicht eben so es kommen mußte.

An Wagner (Mai 1878)

Was Sie über die tief beklagenswerten Zustände im deutschen Reiche schrieben, war mir wie aus der Seele gesprochen. Auch mich ekelt das elende deutsche Reich, wie es sich leider dank dem nüchternen, ideallosen Preußentum unter jenem märkischen Junker gestaltet hat, im höchsten Grade an.

An Wagner (August 1878)

Nach der Mitte der siebziger Jahre zeigt sich Ludwig nicht mehr in der Öffentlichkeit; seine Menschenscheu nimmt zu. Sein Biograf Gottfried von Böhm faßt die Ursachen zusammen:

In seiner Seele sprudelte kaum eine der warmen Quellen, die wahres Glück und Freude verbreiten, und auch sein äußerer Lebensgang bot ihm mehr Enttäuschungen als Erfolge. Seine erste Tat, die Errettung und Befreiung Richard Wagners aus Not und Untergang, begegnete Widerstand und Unverständnis; man rang ihm nach einem kurzen Jahre das Exil des kaum gewonnen Freundes ab, der selbst dem Ideal nicht ganz entsprach, das der König sich von ihm gemacht hatte. Der Krieg von 1866 endete mit einer Niederlage, die ihm den ersten Gedanken an Abdankung aufdrängte; seine schnelle Verlobung mit einer langsamen Auflösung, die eine harmonische nicht war, wenn er sie auch als Befreiung empfunden haben mag.

> Die Staatsangelegenheiten bezeichneten Seine Majestät mit dem Ausdruck »Staatsfadaisen« und äußerten sich, wenn der Einlauf aus dem Kabinett vorgelegt wurde, wiederholt dahin: »Allerhöchstdieselben möchten das Pack immer lieber wieder hinauswerfen.«
>
> *Aus dem Gutachten von 1886*

Der Sieg von 1870 kostete ihn Opfer an Selbständigkeit und Stellung, die lange an ihm nagten und die er nie überwand. Die Einsamkeit und Monotonie seiner Tage unterbrechen nur wenige Reisen. Die höchsten Güter des Lebens sind ihm versagt geblieben: er hat weder echte Liebe noch wahre Freundschaft gekannt. Seine Beziehungen zu den Frauen sind kurze Episoden, seine Freundschaftsschwärmereien ohne Tiefe und Bestand. Die Mutter entfremdet ihm Wesensverschiedenheit und den geliebten Bruder die schreckliche Krankheit, die ihn selbst bedroht. Keiner seiner Minister und Sekretäre stand ganz auf der Höhe der Forderungen, die er an sie stellte. Nur selten hilft ihm das Gefühl erfüllter Pflicht über Nichterfolge und Enttäuschungen hinweg. Die fortschreitende geistige Erkrankung

schließt ihn immer mehr aus der Gemeinschaft der Menschen aus, und diese Ausschließung vermehrt noch sein Übel.
Ich hatte ihm die Einladung seiner Hauptstadt zu einer Jubelfeier zu überbringen; ich wußte aus Erfahrung, daß ich abschlägig beschieden werden würde, aber es war meine Pflicht, ihm das Gesuch zu unterbreiten. Natürlich weigerte er sich. Ich drang in ihn und schilderte ihm, wie ihn sein Volk liebe und mit welchem Jauchzen ihn München nach so langen Jahren empfangen würde. »Ich kann nicht! ich kann nicht!« erwiderte er mir, sich die Stirn reibend, »es ist entsetzlich, aber ich kann es nicht mehr ertragen, mich von Tausenden Menschen anstarren zu lassen, tausendmal zu lächeln und zu grüßen, Fragen an Menschen zu richten, die mich gar nichts angehen, und Antworten zu hören, die mich nicht interessieren. Nein! nein! ich kann aus der Einsamkeit nicht mehr heraus!« Und leise und wehmütig flüsternd fügte er hinzu: »Manchmal, wenn ich mich müde gelesen habe und alles so stille ist, dann habe ich das unwiderstehliche Bedürfnis, eine menschliche Stimme zu hören. Dann lasse ich mir irgendeinen Lakai oder Vorreiter rufen, der muß mir von seiner Heimat und seiner Familie erzählen.« Und mit einer Trauer, die mir tief ins Herz schnitt, schloß er: »Ich würde ja sonst das Sprechen ganz verlernen!«

Hofsekretär Ludwig von Bürkel

Wenn und sooft ich in den letzten Jahren meiner Kabinettstätigkeit nach Linderhof und Hohenschwangau zum Vortrag kam, wurde mir unter Klagen, ja einige Male unter Tränen von Leuten aus der Bedienung des Königs mitgeteilt, daß Seine Majestät in der übelsten Laune seien und oft die Zeit zum Aufstehen bis zum Schlafengehen nur mit Tadeln, Schelten, Drohen und Strafen vergehe. Beim Vortrage konnte ich mich dann selbst von der hochgradigen Aufregung, von der wahrhaft unglücklichen Unzufriedenheit und Zerschlagenheit mit der ganzen Welt überzeugen ...

Stundenlang klagten Seine Majestät über die Last des Lebens, gaben sich ganz der Empfindung hin, das Leben sei nicht

Das Königshaus auf dem Schachen, eine der elf Berghütten, auf die Ludwig sich immer wieder zurückzog.

wert, gelebt zu werden, und kamen dann auf den Gedanken des Selbstmordes. Der Selbstmord an sich, die passendsten Mittel zu demselben, die Aufforderung, ein sicheres Mittel zu verschaffen, das waren während des Aufenthalts in München Themata, die ich oft drei bis vier Stunden lang anzuhören und zu besprechen hatte ... Ich erschöpfte mich im Widerstande gegen diese Lamentationen, die ihren Grund darin allein hatten, daß Seine Majestät in München zu etwas gezwungen waren, was Allerhöchstdemselben bereits entsetzlich war und immer entsetzlicher wurde, zum Verkehr mit Menschen, die nicht zu seinen täglichen Dienern gehörten. Die Notwendigkeit, den Mitgliedern des k. Hauses Besuche zu machen, die Notwendigkeit, bei einigen Hoftafeln auch auswärtige höchste Herrschaften, Minister, Generäle und andere distinguierte Personen, sehen und sprechen zu müssen, der Zwang, sich zusammenzunehmen, und das stets sich immer mehr steigernde Gefühl der Unsicherheit im Verkehre mit solchen Personen – dies alles verfolgte Seine Majestät Tag und Nacht ...

Seine Majestät mieden es das ganze Jahr hindurch, beobachtet zu werden. Die Reisen, die Ausfahrten wurden immer mehr in die einsame Zeit der Nacht verlegt. Seine Majestät sahen fast immer nur die direkten Diener. Selbst diese wurden argwöhnisch beobachtet. Jeder Blick, jedes Wort derselben wurde geprüft.

Nicht einmal, sondern oft und oft argwöhnten Seine Majestät, ich hätte Allerhöchstdenselben beim Vortrage mit einem unziemlichen, besonderen Blick angesehen. Gleich nach dem Vortrag erhielt ich den Befehl, mich deshalb rechtfertigen zu müssen, und ich habe auf diese Rechtfertigungen unsägliche Zeit verwenden müssen. *Kabinettschef Friedrich von Ziegler*

(1886)

Szenen aus dem Alltag eines Königs

Der König speist

Da sich der König über das Essen kaum äußerte, war es nicht so einfach, den Geschmack der Majestät zu treffen. Immerhin hatte die Hofküche in langjähriger Erfahrung doch eine gewisse Übung darin bekommen, was dem König besonders zusagte. Dazu mußte immer auf die sehr schlechten Zähne des Königs Rücksicht genommen werden, weshalb alle Speisen recht flockig und weich zubereitet wurden.
In Suppen war die Auswahl unbeschränkt. Neben der klaren braunen Consommé mit Einlage, wie Reis, Fadennudeln, kleinen Schinkenknödeln, Leberspätzeln und anderen gab es die sogenannten gebundenen Suppen, die »Crème de gibier«, die Wildpüree-Suppe, oder die Crème à la reine, die Chicoréesuppe, Ochsenschweifsuppe, aber auch Brotsuppe, passiert und mit Eigelb und Rahm legiert, die dann mit einem verlorenen Ei serviert wurde. Für die Püreesuppen gab es ein besonderes Haartuch, das »Etamine«, durch das sie getrieben wurden, und damit sie beim Warten nicht tournieren konnten, war immer ein heißes Wasserbad bereit. Oft bekam der König auch Fisch, vor allem Forellen, Seezungen-Filets in Weinsauce, oder gebacken mit Kräuterbutter oder Remoulade, dem dann das besonders pfleglich zubereitete Ochsenfleisch folgen mußte. Meist war es ein schönes Stück Roastbeef, das geschnürt drei bis vier Stunden langsam gar gekocht und in vier fingerdicken Scheiben serviert wurde. Recht beliebt waren auch Klopse, fein haschierte Fleischklößchen, haschierte Kalbskoteletts mit Champignons oder Kartoffelbrei, Eieromelette mit Spargelspitzen oder mit gewiegter geräucherter Ochsenzunge gefüllt, und im Frühjahr die feinen Kiebitz- und Möweneier, die sechs Minuten gekocht, mitsamt der Schale halbiert und

mit frischer Butter auf einer Serviette zu Tisch gebracht wurden. Der König stach dann nur den Dotter aus, das Weiße ließ er liegen. Geflügel und Wildbret kamen in allen Arten als Saisongerichte auf die Tafel. Rehziemer in Rahmsauce, Fasanen und Rebhühner in Speck gewickelt mit Johannisbeer-Gelee und Salaten, manchmal aber auch Kalbsbries eingemacht mit Risotto oder gebacken mit grünen Bohnen. Diese wurden ganz rasch blanchiert, damit sie die Farbe nicht verloren, und dann vor dem Auftragen nur mit frischer Butter geschwungen. Genauso wurden Broccoli behandelt, sie durften nicht zerkocht oder gar zerfallen sein, auch war Mehl als Bindemittel verpönt – nur am Schluß: frische Butter.

Der König war kein großer Trinker, er liebte die Qualität der Weine mehr als die Quantität. Neben seinem Gedeck standen eine Karaffe mit Pfälzer Wein und eine mit leichtem Bordeaux gefüllt. Zwischen den einzelnen Speisen bevorzugte er die besten Rheingauer Hochgewächse: Markobrunner, Geisenheimer, Hochheimer und Rauenthaler Berg. Sekt wurde nur bei besonderen Anlässen serviert. Dann gab es entweder »Ruinart père et fils« oder »Moët et Chandon œil de perdrix«. Eine Spezialität war »Cognac mousseux«, ein echt französisches Erzeugnis, das auf alle Partien mitgenommen wurde, doch nur in kleinen Flaschen erhältlich war. Unter heftigem Moussieren wurde er in halbkugelförmige Gläser gefüllt, ein überaus feines Bouquet verbreitend, das der König sehr liebte.

Sämtliche Weine und Spirituosen kamen aus der kgl. Hofkellerei, die über ein reich sortiertes Lager in- und ausländischer Erzeugnisse verfügte. Besondere Sorgfalt wurde auf die Pflege der Dessertweine verwendet.

Das Menü erfuhr der König erst aus der Speisekarte, die neben dem Gedeck lag. Links oben, neben der Suppenangabe, stand der Name des diensthabenden Mundkochs. Wenn es sich nicht um ein ausgesprochen deutsches Gericht handelte, waren alle Speisen nach ihrer französischen Bezeichnung aufgeführt. Oft habe ich das Menü selbst geschrieben und die Karte aufgelegt. Einmal war ich gerade damit beschäftigt, sie auf das »Tischlein deck dich« zu legen, als der König eintrat. Unhörbar war der große Schlitten vorgefahren, es war zu spät

Küche in Neuschwanstein.

zum Entwischen. Verlegen verbeugte ich mich, der König kam raschen Schritts auf mich zu und griff nach der Speisekarte. Es war eine große Seltenheit, wenn der König jemanden aus seiner nächsten Umgebung ansprach, um so erstaunter war ich, als er zu sprechen begann und fragte, was das sei: »Filets Mignons de veau à l'Allemagne?« Ich mußte antworten und versuchte den Satz: »Majestät, diese Filets sind das zarteste Fleisch vom Kalb, sie liegen direkt unter dem Rücken.« »Warum heißen sie à l'Allemagne?«, wollte der König weiter wissen. »Weil sie in den deutschen Landesfarben mit Trüffel, Speck und roter Zunge gespickt sind, Majestät«, konnte ich erklären. Der König fragte weiter: »Gibt es das Gericht auch à la ›Bavière‹?« Aus meinem Küchenwissen mußte ich diese Frage verneinen, denn zu den bayerischen Farben wäre Blau nötig gewesen, das man aber zu solchem Zweck nicht kennt. Der König nickte, gab mir die Menükarte wieder und wandte sich dem Vestibül zu …
Des Königs Zahnleiden waren uns von der Küche wohl am besten bekannt. Wir hatten uns mit der Garzeit danach zu rich-

ten; alle Speisen, das Fleisch notwendigerweise vor allem, waren sehr weich gekocht, es gab viel Haschiertes, Omelettes, Püree etc.; Krustaden oder engl. gebratenes Fleisch, wie Roastbeef, Steaks etc. durften nie auf den Tisch kommen. Oft ist mir späterhin die Frage gestellt worden, ob der König ein besonderer Feinschmecker gewesen sei. Kein Zweifel, daß er gern gut und reichlich aß, daß er ärgerlich wurde, wenn unvermeidbare Verzögerungen beim Servieren eintraten, und daß er auch Qualitäten sehr wohl zu unterscheiden wußte. Aber der äußere Rahmen eines Diners spielte fast eine größere Rolle als die eigentliche Speisenzurichtung, und diesem Rahmen entsprechend, mußte auch die Mahlzeit oft in pausenloser Arbeit durch manche Nächte hindurch zusammengestellt und angerichtet werden. Neben den ausgesuchten Gerichten mußten ja dann die großen, künstlerisch entworfenen kalten Schauplatten aufgebaut werden. auf Terra-alba-Sockeln wurden da die Langusten und Hummer dressiert, um allegorische Figuren aus Tragant gruppierten sich pikante Aspiks mit Wildschweinpastetchen oder Gänseleberparfaits, und an marmorierten Füllhörnern aus gebrannten Mandeln rankten sich Petits fours und grünschillernde Pistaziendesserts empor.

Das Paradies auf dem Dach

Der Wintergarten auf dem Dach der Münchner Residenz wurde 1867 errichtet und 1869 sowie 1870/71 erweitert.

Wir bestiegen einen goldenen Nachen, den ein Diener schnell losband und sofort hinter Buschwerk verschwand, mit einem Schwan und zogen hin über die blauschimmernde Flut … Ich war wie vom Zauber befangen. Ein seltsames Gefühl, von dem ich mir keine Rechenschaft abzugeben wußte, überschlich mich, wie ich so in dem Schwanenschifflein mit dem König über den künstlichen See schwamm, und ich glaubte zu träumen … Der König stand im Nachen hoch aufgerichtet und war wunderbar anzuschauen: die Augen leuchtend, die Lippen fest aufeinandergepreßt, die Wangen bald leichenblaß, bald flammenrot … Die Stunde wird mir unvergeßlich sein.

Bericht des Sängers am königlichen Hoftheater,
Franz Nachbaur

Der König gibt sich die Ehre

Der Adjutant ist in die Tür getreten und winkt mir ... Da stehe ich im Audienzsaal. Herr von Sauer wirft mir noch einen ermunternden Blick zu und verschwindet. Ich sehe mich um, ein breiter, dreifenstriger Raum, mit lichtblauen Tapeten bekleidet, in seiner Mitte ein Rondell von mächtigen Palmen. Bange Sekunden verstreichen; nichts unterbricht die Stille. Da bewegen sich die Zweige der Palmen; ich schrecke auf, und eine weit das Menschenmaß überragende schlanke Erscheinung wendet sich, aus dem Grün tretend, langsam, feierlich auf mich zu. Mir stockt der Atem. Als ich nach tiefer Verbeugung mich aufrichte, steht die majestätische Gestalt dicht vor mir; ich muß den Kopf in den Nacken werfen, um ihr ins Antlitz schauen zu können. Aber mein Blick vermag nichts mehr zu unterscheiden; denn zwei mächtige stahlgraue Augen, von dunklen Wimpern umrahmt, senken sich forschend in die meinigen und halten sie gefesselt. Wie erstarrt stehe ich; nichts schaue ich mehr als dieses strahlende Augenpaar; der König spricht schon mit mir; der leise Ton seiner Stimme klingt gütig; allein, ich vermag die Worte nicht zu fassen; immer blicke ich gespannt in diese überirdisch leuchtenden Sterne. Endlich fasse ich mich; der König fragt mich nach meiner Vergangenheit, nach meinen Lieblingsrollen; er wünscht mich seiner Hofbühne dauernd zu erhalten und reicht mir zum Abschied die Hand. Lange noch zittert der Eindruck dieser Stunde in mir nach.

Aus den Erinnerungen des Schauspielers
Ernst von Possart

Als ich den Vorsaal betrat, sah ich eine Menge befrackter und uniformierter Herren, die gleich mir zur Audienz befohlen waren. Ich wartete seit 5 Uhr und es wurde 6½ Uhr, bis ich an die Reihe kam. Es dämmerte, als ich klopfenden Herzens das Gemach betrat, in dem ich den König vorfinden sollte. Mit gesenktem Kopfe trat ich ein, machte die vorgeschriebenen Verbeugungen, wagte endlich aufzublicken und sah mich zu meiner Überraschung ganz allein. Der große Saal war leer. Ich wurde nun ein bißchen dreister, besah mir die Bilder an den Wänden und richtete eben den Blick auf einen goldenen Blumenkorb in der Ecke, der mit einer bis zur Decke reichenden Palme geschmückt war, als der König in Uniform mit Ordensband und Federhut hinter demselben hervorkam. Es war, als hätte er mich erst eine Weile beobachten wollen. Eine gute halbe Stunde unterhielt er sich nun in der leutseligsten Weise mit mir, erkundigte sich nach meinem Erziehungsgange und freute sich sichtlich zu hören, daß ich in einem königlichen Institute (zu Nymphenburg) groß geworden war. Er kannte ja alle meine Lehrer und Lehrerinnen persönlich und hatte als kleiner Prinz mit seiner Mutter manche Stunde in unserem Klostergarten zugebracht. Wir besaßen also gemeinsame Kindererinnerungen, und er wurde nicht müde, mit mir darüber zu plaudern. Auch über mein Stück und mein Spiel sagte mir der Hohe Herr so viel Schmeichelhaftes, daß mir das junge Köpfchen ordentlich wirbelig wurde. So klar und so liebenswürdig der König sich nun auch ausdrückte, so berauscht ich von der ganzen Unterredung war und obwohl Dämmerung in dem Gemache beherrschte, ist mir doch damals schon eines aufgefallen: die großen, wunderschönen Augen des Königs glitten unstet umher und hafteten nirgends fest. Wenn sie sich aber momentan in die meinen versenkten, sah ich darin einen seltsamen Ausdruck: unheimlich, rätselhaft. Es war, als ob eine innere Unruhe den Monarchen herrsche, eine Unruhe, die mich schließlich selbst überfiel.

*Bericht der Hofschauspielerin
Philomene Hartl-Mitius*

Nächtliche Schlittenfahrt

Gemälde von R. Wenig (1880).

Es war eine herrliche sternenhelle Winternacht ... Voraus ein Vorreiter mit einer Laterne, die neben dem linken Steigbügel in einem Schaft befestigt war und an der Spitze einer ca. 1½ m langen Stange ihr Licht ausstrahlte. Der Schlitten wurde von vier Pferden gezogen, auf den Sattelpferden saßen zwei Reitknechte, die ebenso wie der Vorreiter in schwerem Rokoko-Kostüm blau- oder rotsamten gekleidet waren, mit weißen Zopfperücken, Stulpstiefeln und Schiffhüten. Das Geschirr der fünf Pferde bestand aus prunkvollen Schabracken, Sätteln und Zaumzeug, die Köpfe trugen wehende Straußenfedern, in der Farbe zu den Jockeis passend. Entweder bestand die Garnitur aus Schimmeln, dann war die ganze Ausstattung blau, oder der König befahl Rappen, dann wurde eine rote Garnitur gewählt. Die nächtlichen Fahrten glichen in ihrer blitzartigen Geschwindigkeit einem nächtlichen Spuk, einem Märchenbild, das den wenigen Augenzeugen ein unvergänglicher Anblick, ein überirdisches Begegnis war.

Der Küchenjunge Theodor Hierneis (Januar 1886)

Bei einer Nachtfahrt stieg der König vor einer Tiroler Ortschaft aus ... Als wir durch die Ortschaft kamen, es mochte 2 Uhr früh sein, es war alles in größter Ruhe, sah der König vor einer Wirtschaft eine Kegelbahn. »Ich will einmal das Kegelspiel probieren«, sagte er. Ich stellte die Kegel auf, rollte die Kugel hinein, er schob drei- bis viermal hinaus, auf einmal hörte ich fluchen, der Wirt erschien in Unterhose mit einem großen Prügel und machte ein Mordsgeschrei. Der König war schon aus der Kegelbahn gesprungen und lief querfeldein. Ich sprang mit einem Kegel in der Hand vor, als mich der Wirt in vollem Glanze vor sich sah, ich war in Gala – sonn- und feiertags mußten wir in Gala sein –, riß er Mund und Augen auf, ließ den Prügel fallen, machte kehrt, rannte ins Haus und verschloß die Haustür. Ich lief dem König nach, der meinte, der Wirt sei hinter mir; erst durch längeres Zurufen beruhigte er sich.

Thomas Osterauer, Mitglied der königlichen Reitergarde

Aus dem Tagebuch

Verflucht sei ich und meine Ideale, wenn ich noch fallen sollte. Gott sei Dank, es ist nicht mehr möglich, denn es schützt mich Gottes heiliger Wille, des Königs erhabenes Wort! – Nur psychische Liebe allein ist gestattet, die sinnliche dagegen verflucht. Ich rufe feierlich Anathema über sie aus: »Du nahst als Gottgesandte, ich folg' aus holder Fern, so fährst du in die Lande, wo ewig strahlt dein Stern –«

Adoration à Dieu et la sainte religion! Obéissance absolue au Roi et à sa volonté sacrée *(Verehrung für Gott und die heilige Religion! Absoluter Gehorsam für den König und seinen geheiligten Willen).*

Keine heftige Bewegung, nicht zu viel Wasser, Ruhe, Schonung, geschworen im Namen LW, wenn Erhörung meines Flehens, Erfüllung meines Sehnens mir wonnig erblüht. – *Amen!* –

De par le Roy. *(Im Namen des Königs)*

Vom Thronhimmel des Königlichen Bettes auf *immer* hinweg verlegt, nach jenem weichen Polster eines orientalischen Traumortes, doch nun auch hier nicht wieder, überhaupt keinenfalls vor dem 10. Febr., dann immer seltener, immer, immer seltener – – – Hier gilt kein »car tel est notre bon plaisir« *(denn das ist unser gutes Vergnügen)* – sondern es ist jetzt strenge einzuhaltendes Gesetz u.

»tout justice émane du Roy. –
Si veut le Roi, veut la loi. –
Une foi, une loi, un Roy.«

Louis

(Alle Gerechtigkeit geht vom König aus.
Was der König will, vollzieht das Gesetz.
Ein Glaube, ein Gesetz, ein König.)

De par le Roy.

Nicht mehr im Januar, nicht im Februar, überhaupt ist das Ganze so viel als nur irgend *möglich* abzugewöhnen; mit Gottes u. Königs Kraft! – Die *Unmöglichkeit* wirklichen Falles ist somit ausgesprochen. – Geschworen, so wahr Gottes heiliger Wille nicht mich schütze u. des
Königs
erhabenes Wort. –

Ludwig

D.p.l.R.

Keine nutzlosen, kalten Waschungen mehr,
Schluß seit XIV. 3. – Weihwasser.
Alles *Schlechte* erlöscht durch den Königswillen.
Die neuen Höhen sind im Geiste erstiegen.
Schonung geboten, bei schwerer Strafe u. zu folgenden Gewissensbissen. –

Ich, der König.

Am 21., dem Todestage des reinen u. erhabenen *König Ludwig XVI.* Symbolisch-allegorisch *letzte* Sünde, durch jenen Sühnungstod u. jene Katastrophe vom 15. d. M. geheiligt, gereinigt von allem Schlamm, ein reines Gefäß v. Richards Liebe u. Freundschaft.

3. Febr. – Hände *kein einziges* Mal mehr hinab, bei schwerer Strafe!
Y. E. R. (Yo El Rey. *Ich, der König*)

De Par le Roy.
Bei unserer Freundschaft sei es geschworen, *auf gar keinen Fall* mehr vor 3ten Juni ...

Ludwig Richard.

De Par le Roy.
Il est ordonné *sous peine de désobeissance* de ne jamais plus toucher au Roy, et defendu à la nature d'agir trop souvent.
Donné dans notre résidence royale à M. le 22 avril (quinze jours avant le 6. Mai cette journée si importante
pour toute ma vie)
l'an de grace 1872 de notre règne le neuvieme
Louis.
(Im Namen des Königs. Es ist befohlen bei Strafe des Ungehorsams, den König nie wieder anzurühren, und der Natur verboten, sich zu oft zu regen. Gegeben in unserer königlichen Residenz zu M. am 22. April (vierzehn Tage vor dem 6. Mai, diesem für mein ganzes Leben so bedeutungsvollen Tage) des Jahres der Gnade 1872, des neunten unserer Regierung.)

De Par le Roy.
Au nom du Roy Louis XIV et du Roy Louis XIV. Il est ordonné que dans la nuit du quatorzième octobre 1872 on s'ait touché la *derniere fois* aux – chl – dans les noms de ces Roys si puisants et augustes est la garantie de la force pour vaincre à jamais. Donné à Hohenschwangau le 15 octobre de l'an du grace 1872 de notre règne le neuvième. –
Louis
(Im Namen des Königs. Im Namen des Königs Ludwig XIV. und des Königs Ludwig XV. Es ist befohlen, daß man sich in der Nacht vom 14. auf 15. Oktober 1872 zum letzten Mal (an?) ... berührt hat. In den Namen dieser so mächtigen und erlauchten Könige liegt die Gewähr der Kraft, für immer zu siegen. Gegeben zu Hohenschwangau, am 15. Oktober des Jahres der Gnade 1872, des neunten unserer Regierung. Louis)

Heiliger, nie zu brechender Schwur in der Neujahrsnacht 1873! –

Ich schwöre und gelobe auf das feierlichste, bei dem heiligen, reinen Zeichen der Königlichen Lilien, innerhalb der nie zu durchschreitenden, unverletzlichen Balustrade, die das Königliche Bett einschließt, im Laufe des soeben begonnenen Jahres, soviel als nur irgend möglich ist, jeder Anfechtung auf das tapferste zu widerstehen; einer solchen, wenn nur irgend möglich ist, nie nachzugeben weder in Werken noch Worten, selbst nicht in Gedanken; Mich auf diese Weise stets mehr und mehr von allen Schlacken zu reinigen, die der menschlichen Natur leider anhaften, und so Mich immer würdiger der Krone zu machen, die Gott mir verliehen hat.

Donné dans la chambre du Roi, dans le balustre sacré et infranchissable, agenouillé sur l'estrade, la tête protégé par le dais du lit Royal. Nec cessabo nec errabo. Dieu m'aidera. *(Gegeben im Zimmer des Königs, innerhalb der geheiligten, nie zu durchbrechenden Balustrade, auf der Estrade kniend, das Haupt geschützt durch den Baldachin des Königlichen Bettes. Ich werde weder nachlassen noch irren. Gott wird mir helfen.)*

Vom Himmel naht alljährlich eine Taube
Um neu zu stärken Seine Wunderkraft,
Es heißt der Gral u. selig reinster Glaube
Erteilt durch Ihn sich Seiner Ritterschaft.
Wer nur zum Dienst des Grabes ist erkoren
Den rüstet er mit überirdischer Macht, Kraft
An dem sei jedes Bösen Trug verloren,
Wer Ihn erschaut den flieht der *Sünde Macht.* –
Amen! –
Amen! –
Amen! –

Der erwähnte »Richard« ist nicht Richard Wagner, sondern der Stallmeister Richard Hornig.

Im Venusberg Tannhäusers

Der königliche Grotten-Besuch, der meist nachts stattfand, hatte etwas Programmäßiges. Zuerst fütterte der Monarch zwei aus ihrem gewöhnlichen Domizil, dem Schloßbassin, herbeigeschaffte Schwäne, hernach bestieg er mit einem Lakai einen vergoldeten und versilberten Kahn in Form einer Muschel und ließ sich auf dem durch einen unterseeischen Apparat bewegten Wasser herumrudern.

Unterdessen hatten sich der Reihe nach die fünf farbigen Beleuchtungen abzulösen, jeder waren zehn Minuten zugemessen, damit der König den Anblick genügend genießen konnte. Phantastisch schimmerten Wellen, Felsenriffe, Schwäne, Rosen, das Muschelfahrzeug und der dahingleitende Märchenkönig. Wer aber hinter die Kulissen blickte, fand eine melancholische Prosa, einen abgehetzten Elektrotechniker, sieben von Arbeitern ständig geheizte Öfen, welche die Temperatur von 16 Grad Réaumur hervorbringen und unterhalten mußten, und dazu die riesigen, von der blauen Grotte allmählich verschlungenen Summen. Aber der König wünschte keinen Geschäftsbericht, indem er sagte: »Ich will nicht wissen, wie es gemacht wird, ich will nur die Wirkung sehen.« Diese steigerte sich noch regelmäßig am Schlusse der Programmabwicklung, dann glühte der Wasserfall in Rot oder Gelb, und ein Regenbogen wölbte sich über das Tannhäuserbild.

Luise von Kobell

Allein im Theater

Wie die Schlösser Ludwigs zu seinen Lebzeiten der Allgemeinheit verschlossen bleiben, so will der Monarch auch die Kunst des Theaters für sich allein genießen: »Ich will selbst schauen, aber kein Schauobjekt für die Menge sein!« äußert er einmal gegenüber dem Hofschauspieler Ernst von Possart. So finden zwischen dem 6. Mai 1872 und dem 12. Mai 1885 insgesamt 209 Vorstellungen im Residenz- und im Nationaltheater statt, die nur Ludwig und manchmal einer kleinen Schar geladener Gäste vorbehalten sind – die sogenannten Separatvorstellungen (154 Schauspiel-, 44 Opern- und elf Ballettaufführungen). Unter den 21 Opern befinden sich allein zehn Wagner-Opern.

Ich habe selbst einigen Königsvorstellungen beigewohnt; sie begannen zwischen 9 und 10 Uhr abends, eine davon nachmittags. Im Zuschauerraum war es so hell wie an jedem Theaterabend, und die völlige Leere wirkte nicht trostloser als das halbleere Haus bei einem modernen Trauerspiel ... Der große Kronleuchter brannte; in allen Rängen war die Arena hell; beleuchtet waren auch sämtliche Gänge und Treppen.

Der König saß während der Vorstellung in der hohen Mittelloge, in der niedrigen darunter nahmen seine Kabinettsräte und die Geladenen Platz. Der König blieb also für seine Gäste, nicht aber für die Künstler unsichtbar. Wer auf der Bühne just nichts zu reden oder zu tun hatte, konnte den Eindruck, den das Spiel auf den König machte, wohl beobachten.

Der »Hofdichter« Karl von Heigel

Am 6. November 1872 erhielten mein Mann und ich die Einladung zu der am folgenden Tage stattfindenden Vorstellung »Salvoisy« im k. Residenztheater ...

Das Haus war taghell erleuchtet, und eine geradezu unheimliche Öde und Stille herrschte darin. Da vernahmen wir über uns das Aufschlagen einer Türe, das heftige Rücken eines Stuhles; ein Glockenschlag, und der Vorhang hob sich, denn Ludwig II. war eben in seiner Loge eingetroffen ...
Es wurde vorzüglich gespielt, und das spannende Schauspiel

vergegenwärtigte in packender Weise die Zeit der Revolution und eine Episode aus dem Leben der unglücklichen Marie Antoinette. – Doch schien es mir, als fehle ohne Publikum das pulsierende Leben und der elektrische Strom von Leid und Freud, der sich von einem zum andern hinüberleitet.

Luise von Kobell

Den Mitwirkenden der Separatvorstellungen war strengstens untersagt, über diese Aufführungen zu sprechen. Daher ist der Bericht der Wiener Burgschauspielerin Charlotte Wolter von besonderem Interesse. Sie hatte am 9. Mai 1885 als Pompadour in Ludwigs Lieblingsstück »Narziß« von Albert Emil Brachvogel gastiert.

Um ½12 Uhr versammelten sich die Schauspieler auf der Bühne. Es herrschte absolutes Schweigen; die Theater-Arbeiter trugen Filzschuhe. Durch das Guckloch im Vorhange sah man nur das erleuchtete Proszenium, der Zuschauerraum war vollkommen finster. Punkt 12 Uhr ertönte ein Glockenzeichen: der König verläßt seinen Palast und begibt sich durch einen Korridor, der in dämmrigem Halbdunkel bleibt, nach seiner großen Loge. Ein zweites Glockenzeichen kündigt des Königs Eintritt in die Loge an, und sofort rollt der Vorhang in die Höhe. Als der Vorhang aufgezogen war, überfiel mich zwischen den Kulissen, wo niemand zu sprechen wagte, ein nervöses Zittern. Wie sollte ich vor diesem leeren und finsteren Saale spielen? Endlich betrat ich die Szene ... Ich strengte mich vergebens an, durch die Finsternis hindurch selbst nur die Umrisse meines einzigen Zuschauers wahrzunehmen. Nichts. Es fehlte mir der zwischen dem Publikum und den Künstlern bestehende elektrische Kontakt ... Was mich aufrecht erhielt, war der Gedanke, daß der unsichtbare Zuschauer wirklich einen großen künstlerischen Sinn besitzt, und daß, durch alle Phantastereien hindurch, auf dem Grunde seiner Seele wahre Leidenschaft für meine Kunst lebt. Dieser Gedanke schmeichelte mir und beruhigte mich zugleich. Ich wußte, daß der König mich nicht aus den Augen ließ, daß er in seiner Loge saß, in vollständiger Sammlung und Aufmerksamkeit und so tief versunken, daß er selbst den Atem zurückhielt, um nicht seine Anwesenheit zu verraten, und um sich nicht selbst zu stören. Dies alles war mir neu und fremd ... Man hat über die Neigung des Königs, ausschließlich für seine Person Schauspiele aufführen zu lassen, viel gespöttelt, aber ich muß gestehen, daß ich sie vollkommen begreife. Der König hält in dieser Weise alles fern, was den Künstler und Zuhörer stören kann ... nichts ist vorhanden, als das dramatische Werk, die Darsteller desselben und der einzige Zuschauer, den wir so sehr in die Welt der Illusion versetzen, daß er die Dichtung für Wahrheit hält ... Als gegen 4 Uhr morgens der letzte Akt zu Ende und der Vorhang gefallen war, befahl man uns bewegungslos auf der Bühne zu bleiben, damit der König nicht gestört werde. Er pflegt nämlich noch einige Zeit lang in der Loge zu bleiben und über das Geschehene nachzusinnen, wie jemand, den es Mühe kostet, wieder in die Wirklichkeit zurückzukehren ...

Freundschaften

Richard Hornig, Stallmeister

Ludwig lernt den fünf Jahre älteren, aus Mecklenburg stammenden Hornig im Jahr 1867 kennen, macht ihn zum Stallmeister und läßt ihn allmählich zu seinem ständigen Begleiter auf Fahrten und Ritten werden. Hornig fällt 1885 in Ungnade.

Gerade zwei Monate bevor es fünf Jahre sind, daß wir uns an jenem seligen 6ten Maitag 1867 kennenlernten, um uns nie mehr zu trennen und nie voneinander zu lassen bis zum Tode.

Vivat Rex et Richardus in aeternum!

Aus dem Tagebuch

Lambert Freiherr von Varicourt, Kavallerieoffizier

Edel und erhaben durch und durch ist Ihr Charakter, jedes Ihrer Worte bezeugte mir dies gestern aufs neue. Der schönste und begehrenswerteste Tod für mich wäre, für Sie zu sterben. Oh, könnte dies sich ereignen bald, bald! Dieser Tod wäre mir erwünschter als alles, was die Erde zu bieten imstande ist.

Heute sind es fünf Wochen, seit ich Sie kenne, ich danke dem Himmel, der uns in Freundschaft verband! In meinem Herzen herrschen Sie als unumschränkter König, Ihnen wird es gehören bis zu seinem letzten Schlag. Traumgleich wonnevoll ist mir zumute, seit ich Sie kenne. Auf einer Insel in des Äthers Höhe habe ich gelebt in diesen letzten Wochen.

An Varicourt (Frühjahr 1873)

Friedrich von Ziegler, Kabinettschef

Ziegler war von 1876 bis 1879 Kabinettschef, kehrt aber ein Jahr später auf Ersuchen Ludwigs wieder auf diesen Posten zurück. Im Februar 1883 quittiert er den Dienst endgültig.

Von allen, allen Menschen, die ich kenne,
Hat keiner Deinen Geist und Deinen Wert,
Und wenn ich über Hunderte Dir nenne,
Wie »Du« hat doch *kein einz'ger* sich bewährt.
Die treuen Dienste werd' ich nie vergessen,
Die Du so vielfach mir erwiesen hast.
Und könnt ich's je, ich handelte vermessen,
Mein eig'nes Selbst, es würde mir verhaßt.
Wenn auch des Zorns Dämonen mich erfassen,
Selbst gegen Dich der Ärger mich erfüllt,
Beschwör ich Dich, gib niemals Raum dem Hassen,
Den Zorn zu dämpfen bin ich fest gewillt.
Mög nie ein Kummer Dir im Herzen nagen,
Mög jede Krankheit Dich für immer flieh'n;
Hast je Du über einen Grund zu klagen,
Wird er mein Feind – von dannen muß er zieh'n.
Oh schwöre, deine Freundschaft mir zu schenken,
In Treue fest zu bleiben bis zum Tod,
Auch ich will Dein freundschaftlich stets gedenken,
Ich folge meines Herzens Machtgebot.
Mag alles wanken, Dir werd ich vertrauen,
Dir glauben heißt: auf sichren Felsen bauen. –

An Ziegler (1878)

Mein lieber Herr von Ziegler!

Kein Tag verging, an dem ich Dein nicht dachte.
Wenn auch entfernt, so warst Du doch mir nah,
Denn über mir Dein Genius schirmend wachte,
Für immer ich in Dir mein Heil ersah.
Es schlägt mein Herz Dir feurig stets entgegen,
Das treueste Freundschaft, Teurer, Dir geweiht.

Friedrich von Ziegler

Denn Dich zu kennen, ist mir Himmelssegen,
In Deiner Freundschaft schwindet alles Leid.
Die Zauberkette, niemals soll sie reißen,
Die Geist und Herz mit Deinem fest verschlingt,
Oh mög auch Dein Herz »Freund« mich immer heißen.
Heil sei dem Tag, der neu die Botschaft bringt.
Dein geistig Bild wird ewig in mir wohnen,
Als »König« Du in meinem Herzen thronen.
Für immer bin und bleib ich ganz Dein Eigen.
Doch hab ich vor, für immer nun zu schweigen.
Du könntest »unbewußt« Dich überheben.
Mein Eigen bist auch Du fürs ganze Leben,
Dies hast Du hoch und heilig mir geschworen.
Wie einem Götter-Ausspruch glaub ich Dir.
Vom Schicksal bin ich Dir, Du mir erkoren.
Beglücke mich, bestätige neu es mir.
Wie als Symbol die Arme sich umschlingen,
Soll uns zu trennen keiner Macht gelingen.

An Ziegler (20. Oktober 1878)

So spät es auch jetzt durch das Durchsehen der vielen Zeitungen, Unterschreiben usw. wurde, kann ich doch nicht umhin, diese wenigen Zeilen an Sie zu richten, um Ihnen mitzuteilen, daß ich gestern, an welchem Tage es gerade vier Wochen, ein voller Monat wurde, seit ich jene schönen poesiedurchwehten Stunden im Wintergarten in Ihrer Nähe verlebte (am 10. November, dem Geburtstage Schillers), viel Ihrer, treu geliebter Freund, gedachte, der Sie ohne Ausnahme der beste und vollkommenste der Menschen sind.

(Dezember 1878)

Niemandem auf Erden vertraue ich so felsenfest und schrankenlos wie Ihnen. Wie Carlos seinem Freunde Roderich, so rufe ich Ihnen zu: Ich werfe mich ganz in Deine Arme (ideal gesprochen), ja Friedrich, umschließe mich fest und bleibe mir treu.

(Anfang 1879)

Heute, am Friedrichstage, dem Feste Deines Namens, der mit dem meinen symbolisch für immer verschlungen ist, ist es meinem stets für Dich schlagenden Herzen Bedürfnis, mehr denn je mit dem trauten »Du« Dich zu nennen ... Vollkommen und ohne den Schatten eines Fehlers bist von allen, die ich kenne, nur Du allein.

(März 1879)

Josef Kainz, Schauspieler

Ludwig lernt den dreizehn Jahre jüngeren Kainz am 30. April 1881 kennen; am 3. Juni lädt er ihn zum ersten Mal nach Linderhof ein. Vom 27. Juni bis zum 14. Juli besuchen beide die Tell-Stätten in der Schweiz. Dort kommt es zum Zerwürfnis, weil sich der übermüdete Schauspieler weigert, nachts auf dem Rütli aus dem »Tell« zu rezitieren.

Der Herrscher bot ihm das »Du« an, er glaubte, in ihm einen Menschen gefunden zu haben, der ihn verstand, er träumte sich in ein Carlos-Posa-Verhältnis hinein; er nannte sich Saverny und nannte ihn Didier nach den beiden Hauptrollen in »Marion Delorme«; er schrieb ihm Briefe, genauso bombastisch und überschwenglich, wie er sie an Wagner, an Ziegler und auch an mich gerichtet hat. Auf der Schweizer Reise beging Kainz in seiner jugendlichen Unerfahrenheit Unvorsichtigkeiten, über die der König zunächst hinwegsah, weil er ihn gerne leiden mochte, die aber später doch zur Lösung des Bundes führten.

Hofsekretär Ludwig von Bürkel

Das Vorhaben, welches ich Ihnen zu schildern im Begriffe stehe, hat für mich nur dann Wert und Sinn, wird *nur dann* mich freuen, im Fall es Ihnen Freude gewährt. Ich möchte nämlich in ein paar Tagen eine kleine Reise in die klassischen wunderschönen Urkantone der Schweiz, an die Ufer des herrlichen Vierwaldstädtersees unternehmen; aber nur dann, wenn Sie Lust hätten mitzureisen. – Diese Reise, von der ich glaube, daß Sie dieselbe in Zukunft kaum bereuen würden, wäre ein kleines Präambulum zu unserer Reise nach Spanien, welche aufzugeben ich mich nicht entschließen konnte.

An Josef Kainz

Mit Josef Kainz auf der Schweizer Reise (1881). Die Fotos wurden in Luzern aufgenommen.

Großer Pfau im Eingang des Schlosses Herrenchiemsee.

Türfüllung aus Meißner Porzellan; rechts das Bildnis Ludwigs (Herrenchiemsee).

Die Schlösser

Oh, es ist notwendig, sich solche Paradiese zu schaffen, solche poetischen Zufluchtsorte, wo man auf einige Zeit die schauderhafte Zeit, in der wir leben, vergessen kann.

An Baronin Leonrod

Wenn ich nicht mehr bauen kann, kann ich nicht mehr leben.

Neuschwanstein

Ich habe die Absicht, die alte Burgruine Hohenschwangau bei der Pöllatschlucht neu aufbauen zu lassen im echten Stil der alten deutschen Ritterburgen, und muß Ihnen gestehen, daß ich mich sehr darauf freue, dort einst (in drei Jahren) zu hausen; mehrere Gastzimmer, von wo man eine herrliche Aussicht genießt auf den hehren Säuling, die Gebirge Tirols und weithin in die Ebene, sollen wohnlich und anheimelnd dort eingerichtet werden; Sie kennen ihn, den angebeteten Gast, den ich dort beherbergen möchte; der Punkt ist einer der schönsten, die zu finden sind, heilig und unnahbar, ein würdiger Tempel für den göttlichen Freund, durch den einzig Heil und wahrer Segen der Welt erblühte. Auch Reminiszenzen aus »Tannhäuser« (Sängersaal mit Aussicht auf die Burg im Hintergrunde), aus »Lohengrin« (Burghof, offener Gang, Weg zur Kapelle) werden Sie dort finden; in jeder Beziehung schöner und wohnlicher wird diese Burg werden als das untere Hohenschwangau, das jährlich durch die Prosa meiner Mutter entweiht wird; sie werden sich rächen, die entweihten Götter, und oben weilen bei uns auf steiler Höh, umweht von Himmelsluft.

An Richard Wagner (Mai 1868)

Mit der neuen Burg zu Hohenschwangau geht es rüstig vorwärts, wenn auch die gänzliche Vollendung noch ziemlich lange auf sich warten lassen wird. Von den Wänden meiner Wohngemächer leuchten in recht gelungener Ausführung Bilder jener mir durch Ihre Verherrlichung, hochgeliebter Freund, so ans Herz gewachsenen Sagen herab: »Tannhäuser«, »Lohengrin«, ein Zyklus aus »Tristan und Isolde«, Walther von der Vogelweide, Szenen aus Hans Sachsens Leben sind dort zu schauen; Bilder aus der alten, durch Sie neu verklärten Nibelungen*(sage)* werden folgen. Der vierte Stock des hohen Palas, der Fest- und Sängersaal endlich, ist dem Zyklus aus dem Leben Parzivals geweiht und soll *(18)*83 vollendet werden.

An Richard Wagner (vierzehn Jahre später, im Januar 1882)

Schloß Neuschwanstein.

Neuschwanstein, Sängersaal.

Neuschwanstein, Thronsaal.

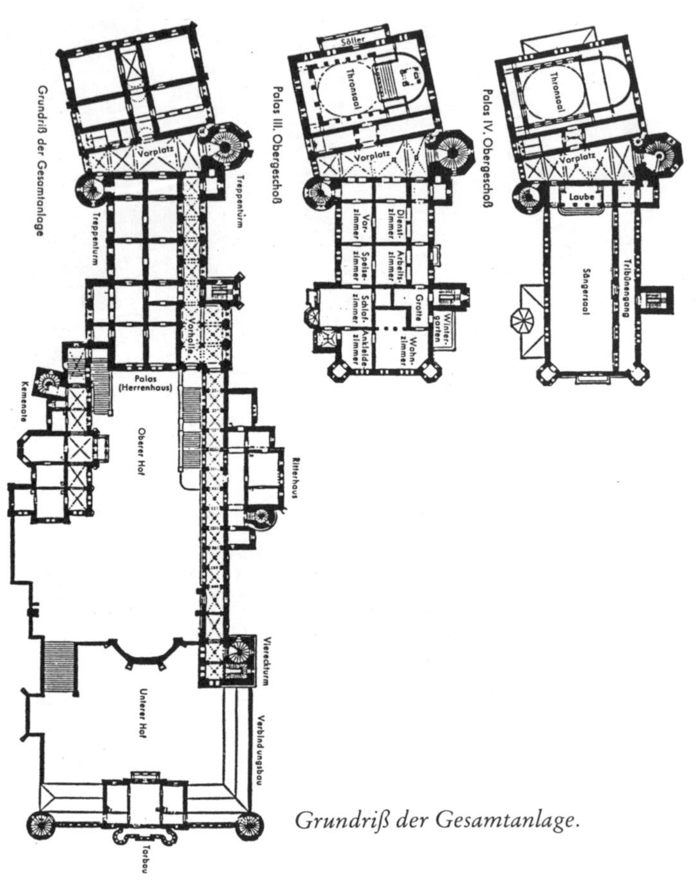

Grundriß der Gesamtanlage.

Die ersten Bauarbeiten beginnen im Frühjahr 1869; am 5. September desselben Jahres wird der Grundstein gelegt. Elf Jahre später kann der König zum ersten Mal kurz und provisorisch auf Neuschwanstein wohnen. Am 27. Mai 1884 sind endlich die königlichen Räume im dritten Obergeschoß fertiggestellt. Die Kemenate ist erst 1892 vollendet. Nach dem Tod des Königs unterbleiben die Ausführung aller weiteren Pläne und auch der Innenausbau.

Leben wie Ludwig in Frankreich: Schloß Linderhof...

Ludwig XIV. baute sich, um dem ermüdenden Leben, dem Zwange des lästigen ewigen Einerlei des Hofzeremoniells zu entgehen, das in den Prachtgemächern des Königs-Tempels zu Versailles ihn einengte, das Lustschloß Trianon. Als dieses sich auch zu palastartig vergrößerte, ließ er sich das einsame bescheidene Marly bauen, um dort für kurze Zeit aufzuatmen nach den Mühen des repräsentativen Lebens. – Ich möchte nun in der Nähe der am Linderhof zu errichtenden Kapelle ebenfalls einen kleinen Pavillon mir erbauen und einen nicht zu großen Garten im Renaissance-Stil mir anlegen lassen, alles nach bescheidenen Dimensionen. Für mich brauche ich nur drei etwas reicher und eleganter ausgestattete Zimmer, die nötigen Dienstwohnungen sollen natürlich ganz einfach werden. Das Ganze wird ganz allerliebst sich ausnehmen; der Plan ist fertig, und wie Minerva fix und fertig aus Jupiters Haupt sprang, so kann sogleich, wenn ich Ihnen alles genau angegeben haben werde, zur Zeichnung der Pläne geschritten werden. Dann soll man sogleich mit den Vorarbeiten beginnen und viele Menschen auf einmal beschäftigen. Denn gerade diesen Plan möchte ich betrieben wissen, ein Juwel, das in seiner Art einzig ist, soll daraus werden.

An Hofsekretär Düfflipp (28. November 1868)

Grand Trianon (oben) und Petit Trianon in Versailles, die stilistischen Vorbilder für Schloß Linderhof.

Stets werde ich auf dieses Jahr beglückt und zufrieden wie auf kein anderes zurückblicken. Wie an einen wundervollen Traum gedenke ich meiner Reise nach Frankreich, des endlich erschauten angebeteten Versailles.

An Graf Dürckheim (27. Oktober 1874)

Schloß Linderhof.

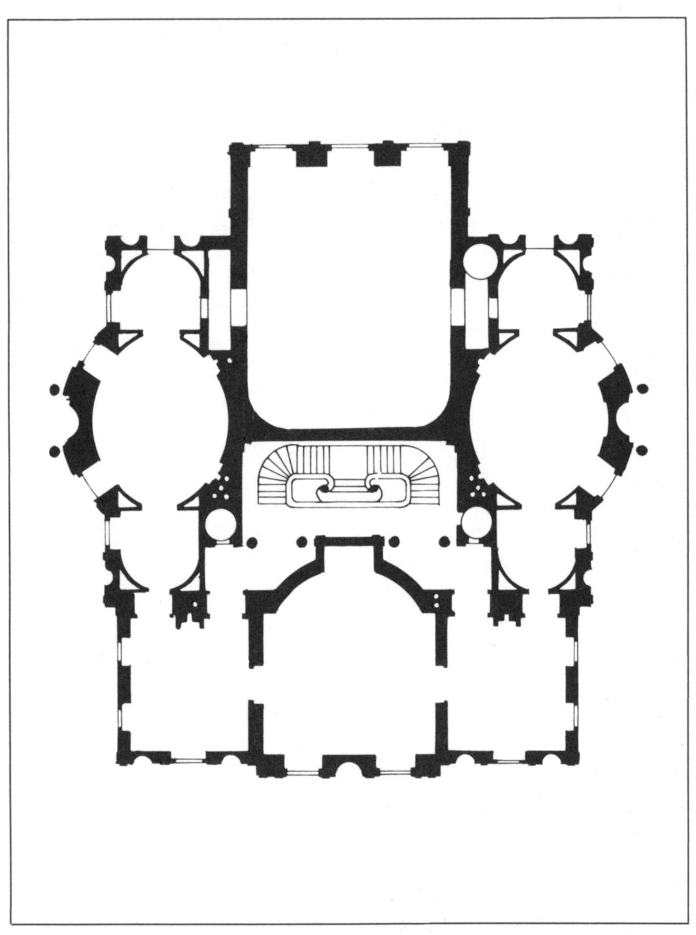

Schloß Linderhof entsteht nicht aus einem einzigen Entwurf heraus: Zunächst wird 1869/70 das bestehende »Königshäuschen« modernisiert, diesem dann 1870/71 ein Flügelbau angefügt. Bereits 1871/72 wird dieser Flügel wieder abgerissen und muß einem größeren Erweiterungsbau weichen. Nach dem Abbruch des Königshäuschens 1874 wird die Anlage bis 1876 ergänzt und 1885/86 noch einmal erweitert.

... und Schloß Herrenchiemsee

Es soll gewissermaßen ein Tempel des Ruhmes werden, worin ich das Andenken an König Ludwig XIV. feiern will.

Ludwig kümmert sich bis in die kleinsten Details um die Einzelheiten, wie einige Briefe Richard Hornigs, eines Stallmeisters in einer besonderen Vertrauensstellung, an den Hofsekretär Ludwig von Bürkel zeigen.

Im Schlafzimmer des Versailler Schlosses sind in den Ecken große vergoldete Waffentrophäen angebracht, die Seine Majestät bei der Zeichnung des Herrn Direktor von Dollmann, das Schlafzimmer auf Herrenchiemsee darstellend, vermissen. Herr von Dollmann soll sich schriftlich äußern, ob diese Trophäen im neuen Schlafzimmer nicht auch anzubringen sind oder ob er dieselben störend, zum Beispiel nicht zum Plafond passend oder zu den Figuren auf dem Friese, findet.

(7. Dezember 1877)

Leider ist die Türzeichnung des neuen Schlafzimmers wieder nicht nach Allerhöchstem Wunsch ausgefallen. Als Korrekturen gaben Seine Majestät an: Im ganzen genommen sei sie nicht reich genug. Die Strahlen der Sonne seien nicht fein genug gemalt. Das Gesicht der Sonne habe nicht genug Ähnlichkeit mit jenem auf den Versailler Türen, namentlich wären die Haare nicht so wie dort geordnet. Um die Sonne herum befindet sich zuviel Weiß, überhaupt würde es reicher aussehen, wenn die Reliefverzierung*(en)* in Gold auf goldenem Grund geschnitzt würden. Das bayerische Wappen darf nicht auf die Türen und auch sonst nicht im Schlafzimmer angebracht werden, und der Hubertusorden muß in derselben Weise die Türe zieren wie die Felder jener in Versailles der vom Hl. Geiste.

Die Reiterstatue Ludwigs XIV., zu meinem Leidwesen muß ich es ebenfalls berichten, entsprach auch zum dritten Mal nicht und muß wiederholt gezeichnet werden.

(24. Dezember 1877)

Das Schloß von Versailles.

Schloß Herrenchiemsee.

Spiegelgalerie in Versailles.

Spiegelsaal in Schloß Herrenchiemsee.

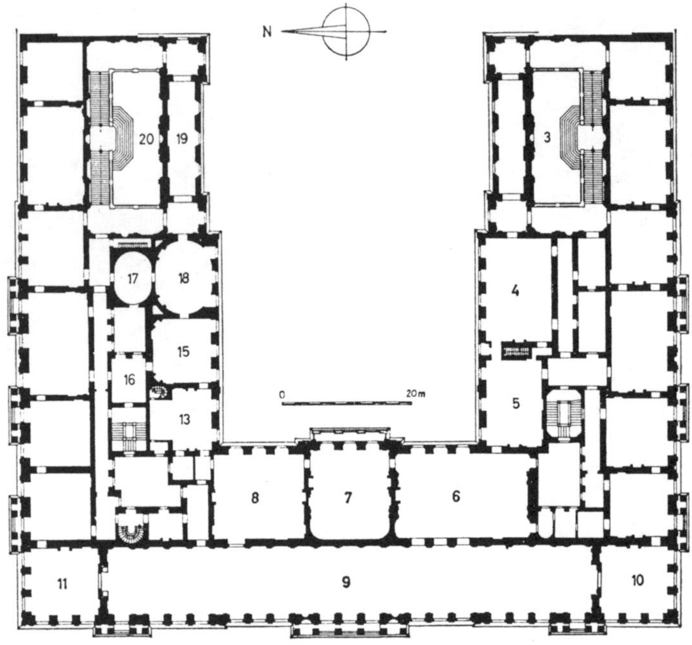

Hauptgeschoß in Schloß Herrenchiemsee:

3 *Südliches Treppenhaus: Prunktreppe,* ***4*** *Hartschiersaal,* ***5*** *Erstes Vorzimmer,* ***6*** *Zweites Vorzimmer,* ***7*** *Parade-Schlafzimmer,* ***8*** *Beratungssaal,* ***9*** *Spiegelsaal,* ***10*** *Friedenssaal,* ***11*** *Kriegssaal,* ***13*** *Schlafzimmer,* ***15*** *Arbeitszimmer,* ***16*** *Porzellankabinett,* ***18*** *Speisezimmer,* ***19*** *Spiegelzimmer,* ***20*** *Nördliches Treppenhaus.*

Am 8. September 1873 erwirbt Ludwig die Insel Herrenchiemsee für 350000 Gulden. Der Grundstein für das Schloß wird rund fünf Jahre später, am 21. Mai 1878, gelegt. Im Herbst 1885 werden die Bauarbeiten wegen Geldmangels eingestellt. Den im Rohbau fertigen Nordflügel bricht man 1907 ab, vom Südflügel existieren nur die Fundamente.

Bekanntmachung.

Vom 1. August 1886 an sind die königl. Schlösser

Herrenchiemsee, Linderhof und Hohenschwangau (Neuschwanstein)

für den allgemeinen Besuch bis auf Weiteres gegen Einhaltung nachfolgender Bestimmungen geöffnet.

I. Herrenchiemsee.

1. Offen jeden Tag mit Ausnahme des Freitags von 11 Uhr Vormittags bis 5 Uhr Nachmittags in den Monaten August und September.
2. Eintrittsgebühr:
   a) an den Wochentagen die einzelne Person 2 Mark,
   b) an den Sonntagen die einzelne Person 1 Mark,
   c) für eine Familienkarte, auf 5 Personen lautend, 8 Mark,
   d) für jede weitere Person dieser Familie 1 Mark.
3. Auf einmal dürfen in das Schloß hineingehen blos 25 Personen.
4. Die Einlaßkarten gibt der k. Schloßverwalter und Hofgärtner Mörtlbauer in Herrenchiemsee ab.

II. Linderhof.

1. Offen jeden Tag mit Ausnahme des Freitags von 9 bis 11 Uhr Vormittags und 2 bis 5 Uhr Nachmittags.
2. Eintrittsgebühr:
   a) eine Personenkarte 3 Mark,
   b) eine Familienkarte für 5 Personen 12 Mark,
   c) für jede weitere Person dieser Familie 2 Mark.
3. Besichtigungsgruppe in maximo 12 Personen.
4. Für gewünscht werdende Beleuchtung der Grotte, des Kiosks und Springenlassen der Wasser ist eine Gebühr von 50 Mark zu entrichten.
5. Betheiligung von Personen an dem sub 4 Genannten in maximo 20 Personen.
6. Besichtigung der Hundingshütte bei Linderhof gegen eine Eintrittsgebühr von 1 Mark per Person in Staffeln von je 7 Personen.
7. Die Einlaßkarten gibt der k. Schloßverwalter und Hofgärtner Almesberger zu Linderhof.

III. Hohenschwangau (Neuschwanstein).

1. Offen jeden Tag mit Ausnahme des Freitags von 10 bis 12 Uhr Vormittags und 3 bis 6 Uhr Nachmittags.
2. Eintrittsgebühr:
   a) an den Wochentagen die einzelne Person 2 Mark,
   b) an den Sonntagen die einzelne Person 1 Mark,
   c) für eine Familienkarte, auf 5 Personen lautend, 8 Mark,
   d) für jede weitere Person dieser Familie 1 Mark,
   e) für die Umwohner von Hohenschwangau 1 Mark.
3. Besichtigungsgruppe in maximo 12 Personen.
4. Die Einlaßkarten gibt der k. Burgwart Schramm zu Hohenschwangau.

München, den 1. August 1886. 7424—5a

Administration des Vermögens Seiner Majestät des Königs Otto von Bayern.

Eineinhalb Monate nach Ludwigs Tod werden seine Schlösser zur öffentlichen Besichtigung freigegeben.

Die Schlösser, wie Hohenschwangau, Linderhof, Chiemsee, wurden von Seiner Majestät als geweihte Stätten betrachtet und behandelt. Sie durften vom Volk nicht gesehen werden, weil »der Blick des Volkes sie entweihen, besudeln würde«.

Aussage des Kabinettschefs von Ziegler

	Neuschwanstein		*Linderhof*		*Herren-*
1869	110.000 fl	119.303 fl	30.000 fl	32.552 fl	–
1870	120.000 fl	109.764 fl	50.000 fl	31.312 fl	–
1871	125.000 fl	119.593 fl	125.000 fl	122.846 fl	–
1872	120.000 fl	128.940 fl	275.000 fl	294.335 fl	–
1873	78.000 fl	70.737 fl	150.000 fl	380.879 fl	–
1874	100.000 fl	75.304 fl	125.000 fl	212.855 fl	80.000 fl
1875	96.000 fl	101.445 fl	150.000 fl	662.260 fl	96.000 fl
1876	132.000 M	119.846 M	408.000 M	1.452.378 M	150.000 M
1877	120.000 M	131.559 M	450.000 M	1.342.254 M	180.000 M
1878	100.000 M	172.524 M	130.000 M	599.244 M	700.000 M
1879	400.000 M	265.136 M	130.000 M	315.816 M	870.000 M
1880	300.000 M	332.645 M	120.000 M	196.402 M	734.000 M
1881	300.000 M	156.847 M	120.000 M	183.193 M	870.000 M
1882	300.000 M	706.357 M	150.800 M	165.203 M	865.000 M
1883	200.000 M	1.651.829 M	150.000 M	208.077 M	605.000 M
1884	100.000 M	536.791 M	200.000 M	163.436 M	361.820 M
1885	–	65.223 M	76.000 M	245.119 M	3.000 M
1886	–	798.274 M	36.000 M	612.022 M	1.000 M
zusammen	3.236.000 M	6.180.047 M	3.521.428 M	8.460.937 M	5.641.534 M

Die Zivilliste ist eine Art »Gehalt« des Monarchen, im Gegenzug fallen die Einkünfte aus den Krongütern dem Staatshaushalt zu.

	genehmigt	*überzogen um*	*Summe*
Neuschwanstein	3,2 Mill.	3,0 Mill. (= 94 %)	6,2 Mill.
Linderhof	3,5 Mill.	5,0 Mill. (= 143 %)	8,5 Mill.
Herrenchiemsee	5,7 Mill.	10,9 Mill. (= 191 %)	16,6 Mill.
zusammen	12,4 Mill.	18,9 Mill. (= 152 %)	31,3 Mill.

Der Fehlbetrag von rund 19 Millionen Mark entspricht einer Summe von etwa 325 Millionen DM in heutiger Kaufkraft – verglichen mit dem »Wertberichtigungsbedarf« bei der Neuen Heimat von mehreren Milliarden *Mark ein eher kleiner Betrag.*

chiemsee	Zivilliste
–	2.350.000 fl
–	2.350.000 fl
–	3.760.000 M
–	3.760.000 M
219.472 fl	3.760.000 M
79.377 fl	3.760.000 M
86.628 fl	3.760.000 M
184.571 M	3.760.000 M
229.088 M	4.230.000 M
774.847 M	4.230.000 M
1.173.879 M	4.230.000 M
1.087.360 M	4.230.000 M
944.473 M	4.230.000 M
1.701.184 M	4.230.000 M
4.005.700 M	4.230.000 M
2.534.117 M	4.230.000 M
784.785 M	4.230.000 M
2.498.842 M	4.230.000 M
16.579.674 M	69.560.000 M

Gesamtkosten (Baukosten und Ausstattung) der Schlösser Neuschwanstein, Linderhof und Herrenchiemsee 1869-1886 nach den Hauptrechnungsbüchern der Kabinettskasse, links jeweils der Etatansatz, rechts die tatsächlichen Ausgaben, daneben das Gesamtvolumen der Zivilliste.

Die bayerische Währung von 1 Gulden = 60 Kreuzer wurde nach der Reichsgründung auf 1 Mark = 100 Pfennig umgestellt. Ein Gulden hatte etwa den Wert von 1,60 Mark.

Formal wurden die Schlösser also nicht aus dem Haushalt, sondern aus der Privatschatulle des Königs finanziert.

Besucherzahlen	*1984*	*1985*
Neuschwanstein	1,06 Mill.	1,14 Mill.
Schloß Linderhof	0,74 Mill.	0,77 Mill.
Schloß Herrenchiemsee	0,59 Mill.	0,63 Mill.
zusammen	2,39 Mill.	2,54 Mill.

Der bayerischen Staatskasse flossen allein aus Eintrittsgeldern für die drei Ludwig-Schlösser im Jahr 1985 10,3 Millionen Mark zu. Die »Umwegrentabilität« durch Steuereinnahmen aus dem Ludwig-Tourismus liegt natürlich weit höher.

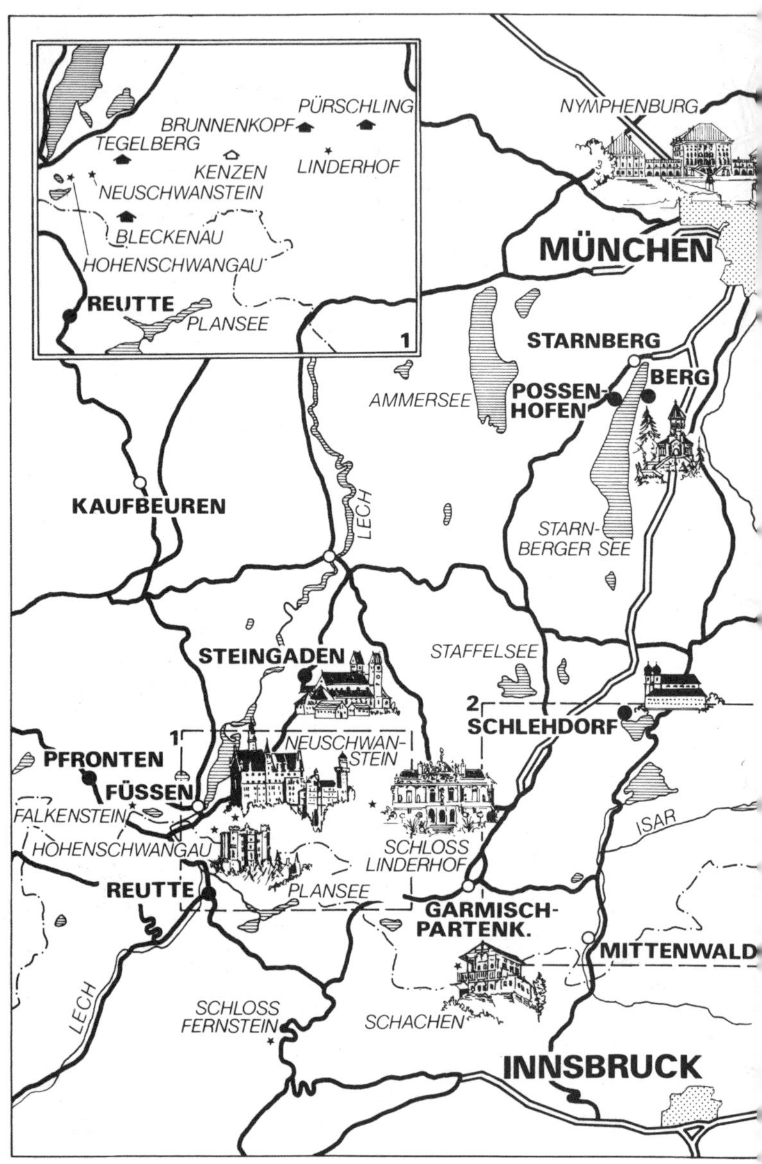
PÜRSCHLING
BRUNNENKOPF
TEGELBERG
KENZEN
LINDERHOF
NEUSCHWANSTEIN
BLECKENAU
HOHENSCHWANGAU
REUTTE
PLANSEE
1
NYMPHENBURG
MÜNCHEN
STARNBERG
BERG
POSSEN-
HOFEN
AMMERSEE
KAUFBEUREN
LECH
STARN-
BERGER SEE
STAFFELSEE
STEINGADEN
2
SCHLEHDORF
1
NEUSCHWAN-
STEIN
PFRONTEN
FÜSSEN
FALKENSTEIN
HOHENSCHWANGAU
SCHLOSS
LINDERHOF
ISAR
REUTTE
PLANSEE
GARMISCH-
PARTENK.
MITTENWALD
LECH
SCHLOSS
FERNSTEIN
SCHACHEN
INNSBRUCK

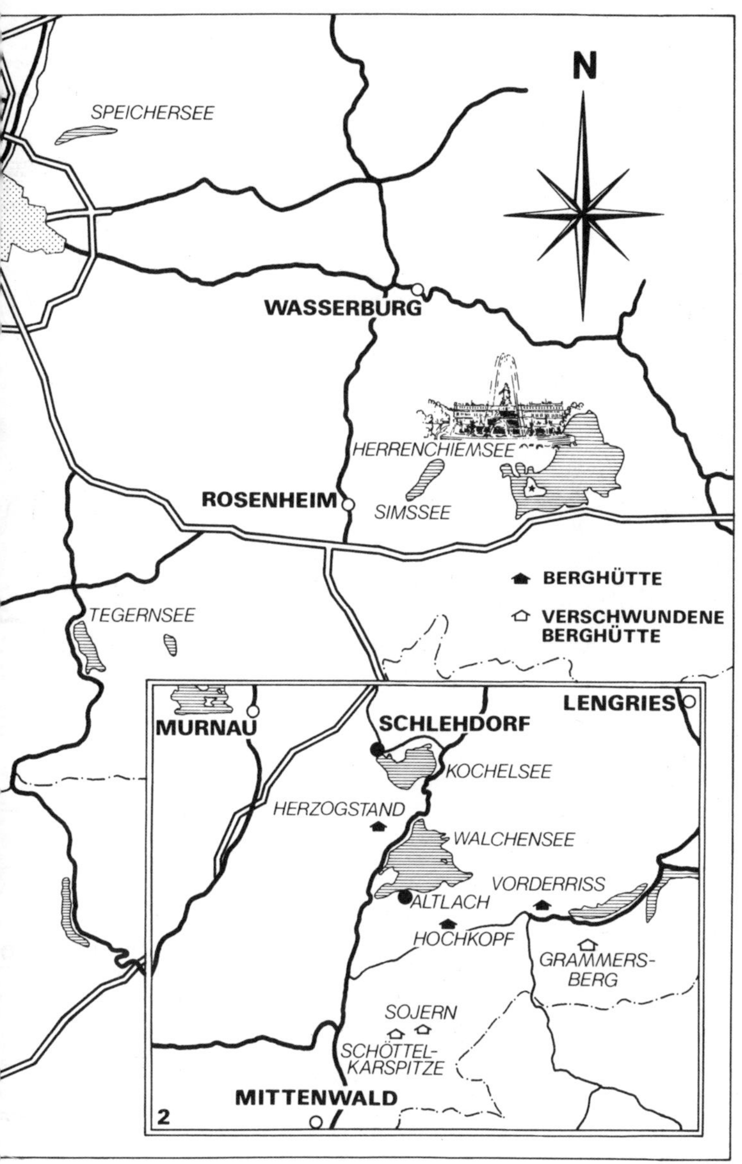
N
SPEICHERSEE
WASSERBURG
HERRENCHIEMSEE
ROSENHEIM
SIMSSEE
BERGHÜTTE
VERSCHWUNDENE BERGHÜTTE
TEGERNSEE
MURNAU
SCHLEHDORF
LENGRIES
KOCHELSEE
HERZOGSTAND
WALCHENSEE
VORDERRISS
ALTLACH
HOCHKOPF
GRAMMERS-
BERG
SOJERN
SCHÖTTEL-
KARSPITZE
MITTENWALD
2

Das erste byzantinische Schloß

Noch vor dem Bau von Schloß Linderhof im Graswangtal plant Ludwig dort ein byzantinisches Schloß. Die Entwürfe stammen von Georg Dollmann. Der Kostenvoranschlag beläuft sich auf rund 4,3 Millionen Gulden, Ludwigs gesamtes Privateinkommen dieses Jahres aber nur auf 2,35 Millionen Gulden. So werden die Planungen im Jahr 1870 eingestellt.

Das zweite byzantinische Schloß

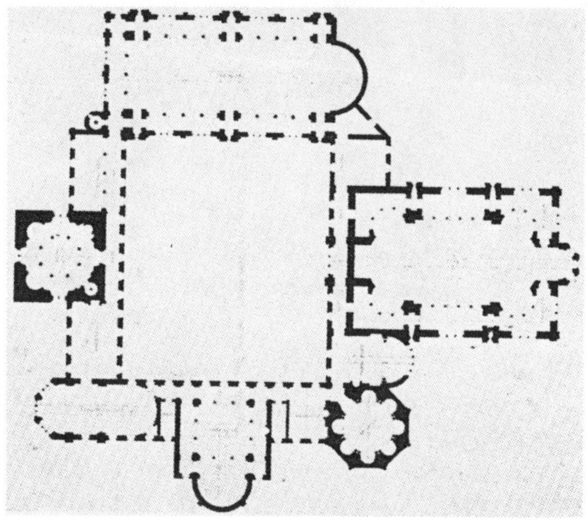

Anfang 1885 läßt sich Ludwig durch Julius Hofmann für die Gegend von Linderhof ein weiteres byzantinisches Schloß entwerfen.

Burg Falkenstein

Die Burg Falkenstein bei Pfronten ist Ludwigs vorletztes Schloßprojekt. 1884 erwirbt er über einen Strohmann Grund und Boden. Ein Jahr zuvor hatte der Bühnenbildner Christian Jank einen ersten Entwurf vorgelegt. Doch wegen der leeren Kasse kommt das Projekt nicht über das Holzmodell des Regensburger Oberbaurats Max Schultze (Abbildung) hinaus.

Der Chinesische Palast

Im Januar 1886 legt Julius Hofmann dem König den Plan für einen Chinesischen Palast (hier Ausschnitt und Gesamtansicht) am Plansee bei Reutte in Tirol vor. Vorbild ist der Kaiserliche Winterpalast in Peking.

DAS ENDE

Seit dem Sommer 1885 gibt es Kontakte zwischen den Ministern des Königs und seinem Onkel, dem fünfundsechzigjährigen Prinzen Luitpold. Dieser ist nach dem geisteskranken Bruder des Königs, Otto, der nächste in der Erbfolge.
Am 23. März des folgenden Jahres stellt der Obermedizinalrat und Professor der Psychiatrie an der Universität München, Dr. Bernhard von Gudden, in einem Gespräch mit dem Kabinettschef Lutz die Diagnose auf »primäre Verrücktheit«, auf Paranoia.
Mitte Mai 1886 erklärt sich Luitpold grundsätzlich bereit, als Regent an die Stelle Ludwigs zu treten.
Das Gutachten, das zur Absetzung Ludwigs führte, wird durch Gudden in der Nacht vom 7. auf den 8. Juni erarbeitet und dann von ihm zusammen mit seinem Schwiegersohn, dem Würzburger Psychiatrieprofessor Hubert Grashey, sowie den Irrenanstaltsdirektoren Dr. Hagen und Dr. Hubrich einstimmig verabschiedet.
Am nächsten Tag, dem 9. Juni, wird Ludwig aufgrund des Gutachtens entmündigt.
Am 10. Juni wird Luitpold zum Regenten proklamiert, die Staatskommission, die Ludwig die Absetzung verkünden soll, auf Neuschwanstein verhaftet, kurz darauf aber wieder freigelassen.
Am 12. Juni gelingt es einer zweiten Kommission, Ludwig nach Schloß Berg am Starnberger See zu bringen.
Am Abend des 13. Juni ertrinken Ludwig und Gudden unter bis heute ungeklärten Umständen im See.
Die Beisetzung des Königs findet am 19. Juni 1886 in der Münchner St. Michaelskirche statt.

Ärztliches Gutachten über den Geisteszustand Seiner Majestät des Königs Ludwig II. von Bayern

So peinlich es für die unterzeichneten Ärzte ist, an die Beurteilung des geistigen Zustandes Seiner Majestät ihres Königs heranzutreten, sie müssen dem erhaltenen Befehle Folge leisten und erstatten hiermit unter ausdrücklicher Berufung auf den von ihnen geleisteten Eid, ihrer schweren Verantwortlichkeit vollkommen bewußt, nach Pflicht und Gewissen das verlangte Gutachten, wobei sie bemerken, daß eine persönliche Untersuchung Seiner Majestät, was weiter auseinanderzusetzen überflüssig sein wird, untunlich, bei dem vorliegenden Aktenmaterial aber auch nicht notwendig war.

Zunächst darf an die notorische Tatsache erinnert werden, daß eine Tante Seiner Majestät, Ihre Königliche Hoheit Prinzessin Alexandra, eine lange Reihe von Jahren (bis zum erfolgten Tode) an unheilbarer Geisteskrankheit litt. Ist hierauf auch nicht allzugroßes Gewicht zu legen, so muß um so mehr hervorgehoben werden, daß auch der jüngere Bruder Seiner Majestät, Seine Königliche Hoheit Prinz Otto von Bayern, unheilbar geisteskrank ist, daß Höchstdessen Erkrankung in ihren Anfängen sich bis in die Jugend verfolgen und Züge erkennen läßt, deren Verwandtschaft mit gewissen Erscheinungen bei Seiner Majestät sich unwillkürlich und unabweisbar aufdrängt.

Dem mitunterzeichneten Obermedizinalrat von Gudden klagte Seine Königliche Hoheit zu einer noch relativ freien Zeit, daß Höchstdessen qualvolle Zustände von Angst und innerer Unruhe sich vorübergehend schon in früher Jugend bemerkbar gemacht hätten, daß beispielsweise es Seiner Königlichen Hoheit als Leutnant mit siebzehn Jahren bei der ersten Residenzwache, als Münchener Einwohner voll freudiger Teilnahme sich sammelten und zuschauten, zumute gewesen sei, als ständen Höchstderselbe am »Schandpfahle«; dabei leiden Seine Königliche Hoheit an den widerwärtigsten Empfindungen in der Brust und im Unterleibe, an Halluzinationen sämtlicher Sinne, an motorischen Erregungen, die sich in den verschiedensten schleudernden und springenden Bewegungen der Arme und Beine äußern, sind nicht selten gemütlich in hohem Grade gereizt und zu Gewalttätigkeiten geneigt, dabei, im Gegensatze und gewissermaßen im Gegengewichte zu so manchen niederdrückenden Empfindungen und Vorstellungen, nicht selten von einem so außerordentlich gesteigerten Bewußtsein Höchst-Seiner Stellung durchdrungen, daß Äußerungen wie »Niemand hat mir zu befehlen, selbst der König nicht« öfters vernommen und alle Bemühungen, auf Seine Königliche Hoheit durch ärztlichen Rat oder möglichst schonend getroffene äußere Veranstaltungen einzuwirken, von vorneherein verloren waren.

Auch bei Seiner Majestät scheinen schon früher ähnliche Anwandlungen von innerer Angst und Aufregung sich eingestellt zu haben. Seine Königliche Hoheit Prinz Otto teilte dem mitunterzeichneten Obermedizinalrat von Gudden gelegentlich seiner eigenen bezüglichen Klagen mit, daß Seine Majestät an demselben Übel litten. Seine Majestät seien überhaupt sehr ängstlich und hätten bei den Spaziergängen im Englischen Garten Seiner Königl. Hoheit oft den Auftrag gegeben, ja darauf achtzugeben, daß keine Begegnung mit anderen stattfände. Auch der verstorbene Staatsrat von Neumayr teilte demselben Arzte mit, wie schwer mitunter schon relativ kurze Zeit nach der Thronbesteigung bei dem Besuche der fränkischen Kreise es gehalten habe, Seine Majestät zu bewegen, an die Öffentlichkeit zu treten. Im Jahre 1872 wurde Herr Ministerialrat von Ziegler in das Kabinettssekretariat berufen. Derselbe hörte von Staatsrat Eisenhart und von Personen des Hofes, wie schwer es Seine Majestät ankomme, Audienzen zu erteilen, insbesondere solche staatsgeschäftlicher Natur. Die Scheu vor Begegnungen mit Menschen trat mehr zutage, die Besuche der Kirche in Berg wurden immer seltener, endlich ließen Seine Majestät im abgeschlossenen Parke zu Berg ein romantisches Kirchlein bauen und sich die Messe lesen, ohne daß derselben irgend jemand beiwohnen durfte. Um keinen Menschen im Theater sehen zu müssen, kam es zu den bekannten Separat-

Bernhard von Gudden.

vorstellungen. Der Verkehr mit Menschen wurde Seiner Majestät immer entsetzlicher. Nach Ablauf des Hohenschwangauer Winteraufenthaltes nach München zurückzukehren, war für Seine Majestät fürchterlich. Der Aufenthalt in Hohenschwangau wurde deshalb immer weiter ausgedehnt, und von 1876 bis 1883 nach und nach um einen Monat verlängert. Die Befehle zur Abreise von Hohenschwangau wurden im letzten Augenblicke gegeben. Wochenlang schon vorher habe es Seine Majestät aufgeregt, wenn die Hofhaltung nach München verlegt werden sollte. In Seeshaupt oder Peißenberg seien Allerhöchstdieselben stundenlang unentschlossen und zögernd umhergegangen, bis der Zug bestiegen wurde, wären lieber wieder umgekehrt, München sei für Allerhöchstdieselben »eine Qual, ein Gefängnis«, so die eigenen Worte Seiner Majestät. Dieselbe Aufregung pflegte den Hoftafeln, die deshalb öfters auch aufgeschoben wurden, vorherzugehen. Es sei – wieder die eigenen Worte Seiner Majestät – Allerhöchstdenselben zumute, »als gehe es zum Schaffot.« Acht bis zehn Glas Champagner seien jedesmal zur Erleichterung vorher getrunken worden. Mit der Annäherung des Eisenbahnzuges an die Stadt, sagt der k. Stallmeister Hornig steigerten sich die Zorn- und Wutausbrüche Seiner Majestät, und Ministerialrat von Ziegler spricht sich über die Hoftafeln folgendermaßen aus: Wochenlang vor einer Tafel war von diesem »Unglück« die Rede und jeder Gegenstand des Vortrages trat vor diesem Thema weit in den Hintergrund. Die Vorträge verlängerten sich bis zu drei bis vier Stunden, Seine Majestät konnten kein Ende finden, ergingen sich über die Tafelgäste in den aufgeregtesten, unglaublichsten Ausdrücken und sagten verschiedene Male die für den nächsten Tag bestimmte Tafel noch in der vorhergehenden Nacht ab, obwohl alle Vorbereitungen getroffen waren. War aber wirklich der Tag einer solchen Tafel gekommen, dann war die Stimmung bei dem Vortrag, welcher stets noch wenige Stunden vor der Tafel stattfand, die aufgeregteste, die man sich denken kann. Hastige Erkundigungen über den einen oder andern der Gäste, Hin- und Herlaufen im Zimmer, Verwünschungen aller Art – dies war das stets wiederkehrende Bild. Die Eingeweihten sahen diesen Tafeln immer mit Angst entgegen, weil sie befürchten mußten, die Kraft der Selbstbeherrschung Seiner Majestät werde unterliegen. Seine Majestät befahlen auch, daß der Allerhöchste Platz an der Tafel mit Aufsätzen, Blumen usw. so besetzt werde, daß man Allerhöchstdieselben so wenig als möglich sehen könne, auch wurde die lärmendste Musik absichtlich befohlen. Bei der Tafel selbst ließen Seine Majestät oft wilde Blicke umherschießen, stießen auch hier und da voll Wut mit dem Säbel auf den Boden.

Die nicht selten auftretende Aufgeregtheit Seiner Majestät vor Empfängen, vor und nach Besuchen, vor Hoftafeln, bestätigt auch Oberregierungsrat von Müller. In ganz besonderem Grade habe sie sich gezeigt bei den ersten alleruntertänigsten Vorträgen über das Wittelsbacher-Jubiläum, welche Vorträge zumeist in den Monat Dezember 1879 fielen; die allerehrerbietigsten Vorstellungen, welche auf Teilnahme Seiner Majestät an dem Feste abzielten, bewirkten eine sich immer mehr steigernde Aufregung; es trat von Tag zu Tag klarer hervor, daß ein definitiv bejahender Entscheid nicht erfließen werde und daß das Offenhalten der Frage zu fortgesetzter, monatelanger Beunruhigung Seiner Majestät führen würde, ohne die Hoffnung auf eine schließliche allergnädigste Anwohnung auch nur mit einiger Wahrscheinlichkeit zu eröffnen.

Die Folgen dieser krankhaften Verstimmungen und innerlichen Hemmungen wurden immer trüber und verhängnisvoller. Der k. Stallmeister Hornig, welcher seit dem Jahre 1867 in der Umgebung Seiner Majestät sich befindet, berichtet in seinen Aufzeichnungen, daß anfangs Seine Majestät noch ein größeres Bedürfnis nach dem Verkehr mit Menschen fühlten. Es seien bei den nächtlichen Ritten, die meistens beim Mondscheine unternommen wurden, Feste im Walde veranstaltet worden, zu denen jüngere Bedienstete vom Marstallpersonale, auch Lakaien befohlen wurden. Unter Zelten wurde dann bis zum frühen Morgen gezecht und andere Unterhaltungen in kleinen Spielen, z. B. Ring verstecken, Schneider leihe mir deine Schere usw., gesucht. Später hörten diese Unterhaltungen auf, doch kam es noch in neuerer Zeit vor, daß gelegentlich des Aufenthaltes Seiner Majestät auf dem Schachen Stalleute

Maurischer Kiosk mit Pfauenthron in Linderhof.

Kopfteil des Prunkbetts in Linderhof.

im dortigen im türkischen Stile eingerichteten Zimmer, in orientalischer Weise sitzend, mit Seiner Majestät Sorbet trinken und aus türkischen Pfeifen rauchen mußten. Auch im sog. beim Linderhof gelegenen Hundlingshause kam Ähnliches vor, auf Fellen ruhend zechte das Personal aus großen Trinkhörnern Met. Notorisch dagegen ist, daß Seine Majestät seit einer längeren Reihe von Jahren persönlich nicht mehr mit den Inhabern der höchsten Hofstellen, mit dem k. Staatsministerium verkehren, daß Allerhöchstdieselben in den letzten Jahren sogar den Kabinettssekretär nur vielleicht zweimal, den Hofsekretär aber gar nicht mehr sahen. Der ganze persönliche Verkehr Seiner Majestät beschränkt sich gegenwärtig auf wenige Personen von der untergeordneten Dienerschaft, und bildet die fast kindlich hilflose Lage, in die Allerhöchstdieselben durch diese Isolierung geraten sind (Lakaien und Friseure auf der Suche nach neuen Ministern und einem neuen Kabinettssekretär), einen wahrhaft tragischen Kontrast zu dem vorhandenen, in geradezu unnatürlicher Weise hinaufgeschraubten Bewußtsein absoluter Machtfülle und Selbstherrlichkeit.

Ob Seine Majestät an eigentlichen *Halluzinationen* leiden, läßt sich mit voller Sicherheit nicht behaupten. Es sprechen dafür die Wahrnehmungen Hesselschwerdts, das geringste Geräusch erschrecke Seine Majestät. Bei den Spaziergängen (bei Tag und bei Nacht) äußerten Allerhöchstdieselben oft, Sie hätten etwas gehört, Tritte, Worte und dann zu ihm, der nichts gehört habe, gesagt: »Du hörst eben nicht gut, Hesselschwerdt.« Nie hätten Sich freilich Seine Majestät darüber geäußert, *welche* Worte gehört worden seien. Auch in den Wohnräumen (dies wird auch vom Kammerdiener Welker bestätigt) hätten Seine Majestät nicht selten Geräusche wie von Tritten in den oberen Zimmern zu hören geglaubt, und es hätte dann nachgesehen werden müssen, ob nicht jemand da sei, was aber nie der Fall gewesen wäre. Wenn Seine Majestät *allein* im Zimmer sich befinden (Vernehmung Hesselschwerdts vom 3. Juni 1886 sowie Welkers), sprechen und lachen Allerhöchstdieselben oft laut, so daß man glauben könnte, es sei große muntere Gesellschaft in demselben versammelt.

Wenigstens als auf *Illusionen* beruhend, läßt sich das Verhalten Seiner Majestät deuten, von welchem Ministerialrat von Ziegler berichtet: »Nicht einmal, sondern oft und oft argwöhnten Seine Majestät, ich hätte Allerhöchstdieselben beim Vortrage mit einem unziemlichen, besonderen Blick angesehen. Gleich nach dem Vortrag erhielt ich den Befehl, mich deshalb zu rechtfertigen, und ich habe auf diese Rechtfertigungen unsägliche Zeit verwenden müssen.« Herr von Ziegler glaubt diesen »Argwohn« auf das Gefühl Seiner Majestät, einen absonderlichen Eindruck zu machen und auf das Bewußtsein einer anomalen Eigentümlichkeit zurückführen zu müssen, was höchst wahrscheinlich zutreffend ist und mit dem Wesen der Illusion in Übereinstimmung sich befindet. Wohl nur als Ausschweifungen der Phantasie, allerdings höchst ungewöhnlichen, die Grenzen der Norm weit übersteigenden Grades, dürfte dagegen aufzufassen sein, was Stallmeister Hornig berichtet, Seine Majestät, bei einigen Graden Kälte und bei Schneegestöber im Freien essend, hätten sich ans Meergestade versetzt und von heißen Sonnenstrahlen beschienen geglaubt; auch das, was sich auf Blatt 15 *(des Berichts von Hornig)* vorfindet, allerdings auch einen Blick in die Tiefe eines Abgrundes werfen läßt, bei dem man schaudern müßte, wenn nicht das tiefste Mitleid mit dem Allerhöchsten *Kranken* wenigstens mildernd dazwischen träte: »Jetzt habe ich in Gedanken – Worte Seiner Majestät – der Königin eine große Wasserflasche am Kopfe zerschlagen, habe sie an den Zöpfen auf der Erde herumgeschleift, ihr die Brüste mit den Absätzen zerstampft« (vergl. auch ähnliche Mitteilungen des Herrn Ministerialrats von Ziegler) oder: »Jetzt war ich in Gedanken in der Gruft der Theatinerkirche, habe den König Max aus dem Sarge herausgerissen und seinen Kopf geohrfeigt.« – In das Gebiet überwuchernder und die Schranken der Wirklichkeit und Möglichkeit ganz außer acht lassender Phantasie würde denn auch, wie so vieles andere, was an anderen Orten zur Besprechung kommen wird, der geäußerte lebhafte Wunsch Seiner Majestät zu verweisen sein, in einem von Pfauen gezogenen Wagen durch die Luft zu fliegen, der dem Maschinenmeister Brand erteilte Allerhöchste Auftrag, eine Flugmaschine zu Fahrten über den Alpsee bei Hohenschwangau anzufertigen, die Imitation der blauen Grotte auf Capri, um deren Blau zu studieren Stallmeister Hornig zweimal nach Capri geschickt wurde, der Mond im Schlafzimmer Seiner Majestät, und dann wird dieser Abschnitt nur noch mit dem kurzen Hinweis auf die gelegentlichen Liebes-, Freundschafts- und Dankbarkeitsversicherungen Seiner Majestät, die, schon der Form nach überschwenglich, ihren wesentlichen phantastischen Ursprung durch ihre kurze Dauer und ihren jähen unmotivierten Abbruch kennzeichnen, seinen Abschluß finden können.

Nachträglich übrigens kommt noch eine Mitteilung des Kammerlakaien Mayr zu den Akten, die kaum darüber einen Zweifel läßt, daß Seine Majestät wirklich an Halluzinationen leiden. »Alles ertrage ich zwar, aber das ist zum Verzweifeln, wenn der König sich etwas einbildet und sich davon absolut nicht abbringen läßt, wenn er z. B. so anfängt, ›Tue das Messer (oder irgendeinen anderen Gegenstand) weg‹, und wenn ich sage, ›Majestät, es ist keines da‹, so examiniert er stundenlang ununterbrochen fort, »Es soll aber eins da sein, wo wäre es denn hingekommen, du hast es weggetan, wo hast du es hingetan, warum hast du es weggetan, gleich legst du es wieder hin.‹« Das sei, fügt Mayr hinzu, zum wahnsinnig werden.

Unverständlich bleiben zunächst die Vorkommnisse wie folgende: Einen Baum zwischen Berg und Ammerland nennen Seine Majestät den »heiligen Baum«. Hesselschwerdt weiß nicht, weshalb – sooft Allerhöchstdieselben an diesem Baum vorübergehen, fahren oder reiten, verbeugen Sie sich tief davor. Ebenso wird ein Zaun bei Ammerland bei jedesmaligem Vorüberfahren, -gehen oder -reiten von seiner Majestät gewissermaßen segnend begrüßt. Eine Säule am Eingange in Linderhof umarmen Seine Majestät der König, sooft Allerhöchstdieselben das Schloß auf längere Zeit verlassen; dasselbe geschieht bei der Rückkehr. Bei nur vorübergehendem Verlassen des Schlosses wird die Säule nur berührt. Aufschluß darüber könnten nur Seine Majestät Allerhöchst-Selbst geben. Wahrscheinlich liegen auch ihnen krankhafte Störungen der Sinnes- oder Denktätigkeit zugrunde.

Über die *motorischen* Erregungen Seiner Majestät liegen folgende Äußerungen vor. Seine Majestät seien nicht selten aufgeregt, machten sonderbare tanzende und hüpfende Bewegungen, führen stoßend und ziehend mit den Händen in die Kopf- und Barthaare, stellten Allerhöchst-Sich nicht selten vor den Spiegel, mit verschränkten Armen und das Gesicht verziehend. Stundenlang dauernde Wutausbrüche, die sich in Herumtoben im Zimmer, in einer tanzenden, wiegenden Bewegung, Schütteln der Hände in den Handgelenken äußerten, traten ein, auch ruhig sinnend auf einen Fleck sehend, konnten Seine Majestät stundenlang mit einer Haarlocke spielen oder das Haar mit einem Kamme in Unordnung bringen. Nicht wiedergeben lassen sich die Imitationen dieser höchst ungewöhnlichen Bewegungen Seiner Majestät, die Marstallfourier Hesselschwerdt und Kammerdiener Welker, um sich verständlicher zu machen, vornahmen. Der Eindruck des Krankhaften derselben war für den mitunterzeichneten Obermedizinalrat v. Gudden ein sofort durchschlagender.

Von der *Gereiztheit* Seiner Majestät, Allerhöchstdessen *Zornes*- und *Wut*ausbrüchen war vorübergehend bereits wiederholt die Rede. Auf die an der Dienerschaft ausgeübten Gewalttätigkeiten kommen die Unterzeichneten später zurück. – Auf normale Gemütszustände und deren Äußerungen trifft man nirgendwo in den Akten. Sie scheinen ganz und gar zugrunde gegangen zu sein und Haß und unnatürlicher Abscheu an ihre Stelle getreten zu sein. Es mag hier an die geradezu erschütternden Äußerungen über Ihre Majestät die Königin Mutter, über Seine Majestät den König Max II. erinnert werden. Hierher gehört auch eine Mitteilung des Herrn Ministerialrates von Ziegler über eine Äußerung Seiner Majestät, die die unterzeichneten Ärzte Anstand nehmen, wiederzugeben. Seiner Majestät des Kaisers Büste in Hohenschwangau wurde von Seiner Majestät im Vorbeigehen angespuckt. Der Marstallfourier Hesselschwerdt erhielt den Befehl, in Italien eine Bande zu werben, mit derselben den deutschen Kronprinzen gelegentlich seines Aufenthaltes in Mentone gefangenzunehmen und ihn in einer Höhle bei Wasser und Brot in Ketten verwahrt zu halten. Im Geiste malten Seine Majestät Allerhöchst-Sich die dem Kronprinzen zugedachten Martern weitgehendst aus, weshalb auch eigens der Befehl erging, ja dessen Leben zu schonen, damit seinem Leiden nicht ein zu schnelles Ziel gesetzt werde. Hunger und Durst sollte er leiden und sein Inneres von Sehnsucht nach den Seinen zerrissen werden. Die Siegesnachrichten im Feldzuge 1870–71 wurden von Seiner Majestät mit Trauer begrüßt, das »arme Frankreich« lebhaft bedauert, – Versailles durch den Einzug der Deutschen für entehrt erklärt. Oft mußte Ministerialrat von Ziegler hören, wie schön es wäre, wenn man das verfluchte Nest (die eigene Haupt- und Residenzstadt!) an allen Ecken anzünden könnte, und Stallmeister Hornig führt als einen öfter von Seiner Majestät ausgesprochenen Wunsch an, daß das ganze bayerische Volk nur einen Kopf habe, um es auf einen Streich hinrichten lassen zu können. Den früheren Kriegsminister Exzellenz von Maillinger, der die Ernennung des Flügeladjutanten Seiner Majestät Grafen von Dürkheim zum Hauptmann zu vollziehen Anstand nahm, in's Burgverlies einzusperren, erhielt Marstallfourier Hesselschwerdt den Allerhöchsten Befehl. Auch Herr von Ziegler, der, früher hoch in Gnaden, wegen einer Meldung, die eine Kleinigkeit betraf, den Allerhöchsten Zorn auf sich geladen hatte, sollte eingesperrt werden. Noch eine große Anzahl anderer Persönlichkeiten, selbst Königliche Prinzen sollten eingesperrt werden. Um nicht selbst in Strafe zu verfallen, meldeten die Diener, die Allerhöchsten Befehle seien vollzogen. Die Beschreibung des auf Befehl Seiner Majestät eingerichteten Burgverlieses in Hohenschwangau findet sich in der Vernehmung Hesselschwerdts vom 18. Mai. Im Jahre 1884 erhielt Hesselschwerdt von Seiner Majestät den Auftrag, Seine Exzellenz Herrn Finanzminister von Riedel aufzugreifen und nach Amerika zu transportieren, dann auf die Vorstellung hin, daß dieses nicht ausgeführt werden könne, ihn einzusperren, und als auch dieses für unmöglich erklärt werden mußte, ihm nächtlicherweile aufzulauern und ihn durchzuprügeln. Der frühere Flügeladjutant Baron Hertling, der es sich nicht gefallen ließ, Allerhöchste Befehle durch Dienstbriefe von Lakaien zu empfangen und um seine Enthebung einkam, sollte sogar umgebracht werden, ebenso Herr Ministerialrat von Ziegler. Noch in neuester Zeit wurde von Seiner Majestät befohlen, zwei Diener, den Kammerdiener

Welker und den Vorreiter Bieller, die sich die Allerhöchste Unzufriedenheit zugezogen hatten, der eine, weil er ein beabsichtigtes Anlehen von nur 25 Millionen Mark nicht zustande gebracht hatte, der andere, weil er einen aus der Volière entkommenen Vogel nicht gleich einfangen konnte, nach Amerika zu transportieren und dort ständig überwachen zu lassen, damit sie nichts weitersagen könnten. Vorreiter Bieller wurde bei dieser Veranlassung von Seiner Majestät am Halse gedrosselt. Stundenlang besinne Sich öfters Seine Majestät, Strafen ausfindig zu machen, mit denen Allerhöchstdieselben diejenigen belegen sollten, die sich in irgendeiner Weise, ob wirklich oder auch nur vermeintlich, gegen Seine Majestät vergangen hätten. Kammerlakai Mayr wurde vor ungefähr vier Jahren damit gestraft, daß er ein Jahr lang nur mit einer schwarzen Maske das Gesicht verdeckt vor Seiner Majestät erscheinen durfte. Kammerlakai Sauer sollte in einem von Seiner Majestät besonders vorgeschriebenen auffallenden Kostüme auf einen Esel gesetzt und in der Umgebung von Hohenschwangau auf den Landstraßen herumgeführt werden. Kammerlakai Buchner, über dessen Dummheit sich Seine Majestät ärgerten, mußte »ein Siegellacksiegel an der Stirn tragen« zum Zeichen, daß sein Gehirn versiegelt sei. Nach dem Bericht des k. Gesamtministeriums vom 5. Mai d. J. erhielt Hesselschwerdt den Auftrag, eine geeignete Strafe für die Herren Minister mit auszudenken. Marker erhielt von Seiner Majestät den Befehl, eventuell Leute zu nehmen und Herrenwörth in die Luft zu sprengen. Marstallfourier Hesselschwerdt sowohl wie Kammerdiener Welker und Stallmeister Hornig bezeichneten es als einen besonderen Charakterzug Seiner Majestät, plötzlich und unmotiviert für jemand Zuneigung zu fassen, um dieselbe oft nach kurzer Zeit in das gerade Gegenteil übergehen zu lassen. Diese Eigentümlichkeit dürfte jedem Sachverständigen als ein Krankheitssymptom imponieren. Die Abneigung artete dann nicht selten in glühenden Haß aus, so daß z. B. Seine Majestät in Wut gerieten, wenn nur der Name der in Ungnade gefallenen Person genannt wurde, und den Befehl erließen, daß falls bei Meldungen an Allerhöchstdieselben diese erwähnt werden mußte, nur der Anfangsbuchstabe des Namens ausgesprochen oder geschrieben werden durfte. Stallmeister Hornig erinnert an den ehemaligen Flügeladjutanten Herrn von Sauer, Baron von Hertling, Hirschberg, Grafen von Dürkheim, Herrn Staatsrat von Eisenhart, Herrn Ministerialrat von Ziegler usw.

Bekannt ist die Vorliebe Seiner Majestät für die französischen Könige Ludwig XIV., XV. und XVI., ihr absolutes Regiment, ihre Bauten usw. Ein ehemaliger Secondelieutnant der bayerischen Armee wurde mit dem Befehle betraut, eine »Koalition« zu gründen, d. h. eine Schar Männer zu werben, mit deren Beihilfe es gelingen sollte, in Bayern das absolute Regierungssystem wieder herzustellen; die Verfassung sollte aufgehoben, die Landesvertretung abgeschafft werden. Etwas anders freilich stellt sich diese Koalitionsidee in den Berichten des Herrn Oberregierungsrates von Müller dar, der zum Chef der Koalition von Seiner Majestät ausersehen war, aber den Intentionen Seiner Majestät nicht entsprach.

Seine Majestät dachten daran, gegen Vergütung einer hohen Summe das Land an Seine Königliche Hoheit den Prinzen Luitpold abzutreten oder an Preußen zu verkaufen. Geheimrat von Löher wurde mit dem Auftrag betraut, sich nach einem anderen Königreiche umzusehen, in dem ein absolutes Regierungssystem möglich wäre, machte auf Kosten der Kabinettskasse weitläufige Seereisen, berichtete aber, daß der Auftrag unmöglich auszuführen sei. Stallmeister Hornig berichtet, daß Seine Majestät Sich geheim in Kostüme der französischen Könige kleidete. Mit Krone und Zepter, welche kostbaren Gegenstände der Schatzkammer entnommen werden mußten, wurden nächtliche Spazierfahrten unternommen, auch der Gedanke, ein zweites Versailles im Graswangtale zu bauen, brach sich Bahn. Herr Ministerialrat von Ziegler erwähnt, daß Seine Majestät vor einer Büste der Königin Marie Antoinette, welche auf der Terrasse des Linderhofes steht, stets das Haupt entblößte und deren Wangen streichelte, und der Marstallfourier Hesselschwerdt gibt an, daß im Linderhofe ein Bild sich befände (Welker meint, es behandle einen Stoff aus der Zeit Ludwig XIV.), vor welchem Seine Majestät niederzuknien pflege, vor welchem auch Hesselschwerdt, die Hand wie zum Schwure gegen dasselbe erhebend, niederknien mußte, ohne dasselbe jedoch ansehen zu dürfen; auch Welker erzählte von dem Bilderkultus Seiner Majestät und beschreibt insbesondere, wie der König vor einem Bilde, das eine Episode aus dem Leben der Königin Marie Antoinette darstellt, Zeichen der Verehrung mache, dann, mit erhobenem gläsernen Blicke zuerst langsam, dann rascher rückwärts schreitend, von dem Bilde sich entferne und schließlich wie im schmerzlichen Abschiede sich von demselben abwende. –

Seit der Entlassung des Herrn Ministerialrates von Ziegler, damaligen Kabinettssekretärs, des letzten Mannes von Bildung, mit welchem Seine Majestät einen fortlaufenden Verkehr pflegte und persönlich Dinge von ernstlicher Bedeutung behandelte, hörte der persönliche Vortrag in Staatssachen auf. Es ist unglaublich, wie diese behandelt worden. Doch dürfte es angezeigt sein, vorher noch einen kurzen Bericht über den persönlichen Verkehr Seiner Majestät mit der Dienerschaft einzuschalten.

Die Meldungen erfolgen und die Allerhöchsten Befehle werden in der Regel erteilt durch die verschlossene Türe hindurch. Durch Kratzen an derselben wird das Zeichen gegeben, daß Seine Majestät verstanden sei. Dienerschaft, die hineintreten darf oder muß, hat tiefgebückt zu erscheinen, darf Seine Majestät nicht ansehen, kein Wort sprechen, muß durch Zeichen sich verständlich machen und, gelingt dieses nicht, die Bewegungen des Schreibens nachahmen, worauf das Bezügliche im Vorzimmer geschrieben und dann Seiner Majestät überreicht werden darf. Beim Servieren der Speisen hat die Dienerschaft ebenso zu erscheinen, darf nicht bloß Seine Majestät, sondern auch die Speisen nicht ansehen und hat sich ebenso zurückzuziehen. Auch beim Anziehen der Kleider darf der Diener Seine Majestät nicht ansehen. Ist jemand vom Dienstpersonal (die Chevaulegers eingeschlossen) »in Strafe«, so muß er auch wohl niederknien oder der Länge nach auf den Bauch sich legen. Letzteres sei eingeführt worden seit dem vorigen Jahre, nachdem Seine Majestät das Zeremoniell am chinesischen Hofe gesehen habe. Bei einer unangenehmen Meldung oder bei dem geringsten Verstoße (z. B. beim falschen Aussprechen französischer Namen) werde von Seiner Majestät häufig die Einsperrung in's Burgverlies oder eine andere Strafe anbefohlen, welcher Befehl dann auch angeblich, in Wirklichkeit aber nie vollzogen wird. Sehr häufig gehe aber Seine Majestät auch zu Gewalttätigkeiten über, schlage und stoße die Dienerschaft mitunter sogar blutig. Mindestens gegen dreißig Personen seien so mißhandelt worden. Nachdem die gewöhnlichen Lakaien und auch die Leute vom Hofstalle sich durch Vorschützung von Krankheiten der verschiedensten Art dem persönlichen Dienste bei Seiner Majestät zum größten Teile entzogen hatten (seit einem Jahre), wurden Chevaulegers zu denselben befohlen. Großer Wechsel fände auch unter diesen statt. Die Mißhandlungen des Dienstpersonals bestätigt auch Herr Ministerialrat von Ziegler. Kammerdiener Welker berichtet sogar, daß der Vorreiter Rothenanger, ein junger, schmächtiger und kleiner Mensch, einmal wegen eines geringfügigen Vergehens von Seiner Majestät geschlagen, gestoßen und mit solcher Wucht an die Wand geworfen wurde, daß die im Vorzimmer befindlichen Leibjäger in der Besorgnis, der junge Mann werde totgeschlagen, nahe daran waren, in das Zimmer zu dringen, um Rothenanger zu Hilfe zu kommen. Es sei die Vermutung nicht ausgeschlossen, daß der nach Jahresfrist erfolgte Tod Rothenangers in ursächlichem Zusammenhange stehe mit den Mißhandlungen, welche derselbe zu erdulden hatte. Ein Chevauleger, von Beruf ein Metzger, dem Seine Majestät einen heftigen Schlag in's Gesicht versetzte, äußerte dem Dienstpersonale gegenüber: »Einem andern hätte ich die Gedärme herausgelassen.« Der Grund, weshalb die Dienerschaft Seine Majestät nicht ansehen darf, ist wahrscheinlich derselbe, aus dem Allerhöchstdieselben den strengen Befehl erteilten, den Untertanen die k. Schlößer, die Galawagen und Schlitten nie zu zeigen, da durch deren Blicke eine Entweihung stattfinden würde.

Die Staatsangelegenheiten bezeichneten Seine Majestät mit dem Ausdruck »Staatsfadaisen« und äußerten Sich, wenn der Einlauf aus dem Kabinett vorgelegt wurde, wiederholt dahin: »Allerhöchstdieselben möchten das Pack immer lieber wieder hinauswerfen.« Der Einlauf, welcher gesiegelt aus dem Kabinett zu Seiner Majestät kam, lag von Allerhöchstdenselben geöffnet, längere Zeit, oft tagelang, obwohl die wichtigsten Staatsangelegenheiten sich darunter befanden, offen vor den Augen der Dienerschaft und in neuerer Zeit auch vor den zur Dienstleistung befohlenen Chevaulegers. Alle Angelegenheiten, die eine Rückfrage erforderlich machten, ferner insbesondere auch die Anträge der Minister, die, weit prinzipieller oder wichtigerer Natur, nicht wie die gewöhnlichen Kurrentsachen schon mit den zu erlassenden der Allerhöchsten Unterschrift harrenden Signaten versehen waren, wurden mit mündlichen oder auf Zettel geschriebenen Weisungen Seiner Majestät durch die *Kammerbediensteten* an die jeweiligen Kabinettssekretäre zurückgeschickt, nachdem diese Bediensteten die Allerhöchsten Aufträge in Briefform gebracht hatten. Die wichtigsten Aufträge Seiner Majestät gingen durch die Dienerschaft. Einen wahrhaft erschreckenden Beweis hierfür liefern die in dem Faszikel »Briefe des Lakaien Mayr aus der jüngsten Zeit« sich vorfindenden Schriftstücke, zum Teil von der Hand Seiner Majestät selbst geschrieben oder korrigiert. *Hesselschwerdt* wurde auch der *Bericht des königl. Gesamtministeriums* vom 5. Mai 1886 zur Begutachtung zugeschickt, ihm auch die Verhandlungen zur Bildung eines neuen Ministeriums mit Herrn von Ziegler und dem Friseur Hoppe zur Gewinnung eines neuen Kabinettssekretärs übertragen!!

Schon Herr Ministerialrat von Ziegler berichtet: Von der Berücksichtigung der Autorität der höchsten Beamten, der obersten Hofchargen und der Minister war keine Rede mehr. Sie wurden beim Vortrage mit den verächtlichsten Worten erwähnt, leider nicht nur beim Vortrage – auch der Dienerschaft und dem Friseur Müller und dem Zahnarzte gegenüber; selbst Fürsten wurden nicht geschont. Die Dienerschaft wußte aus dem Munde Seiner Majestät, daß der Obersthofmarschall oder der Obersthofmeister »sich nicht unterstehen dürfen«, einmal den Hofhalt in Berg oder Hohenschwangau zu inspizieren. Für Seine Majestät sind die k. Staatsminister Pack, Gesindel, Geschmeiß, auch wird mit den Kammern nicht glimpflich verfahren, und das Volk verdient gar nicht, daß Sich Seine Majestät ihm zeige. –

Es widerstrebt den unterzeichneten Ärzten, größere Auszüge und Zusammenstellungen in dieser Richtung anzufertigen, und wird es wohl genügen, eine einzige Stelle aus einem auf Allerhöchsten Befehl geschriebenen Briefe des Lakaien Mayr anzuführen: »Dem Hesselschwerdt schreiben: Er hat wieder etwas ganz Falsches und Verkehrtes geschrieben, indem er sich herausnahm zu schreiben, daß jenes Ministerpack in die Notwendigkeit versetzt war, jene Meldung (Bericht vom 5. Mai!) zu unterbreiten. Ich habe jene Meldung verworfen, denn jenem Pack *kam es gar nicht zu*, sich in Sachen zu mischen, die es nicht im geringsten angehen und für die es *gar nicht da* ist. Ihm dies also austreiben« – und dieser die Abschrift eines auch noch in anderer Beziehung wichtigen, Allerhöchsteigenhändig mit Bleistift offenbar in großer Hast geschriebenen Briefes Seiner Majestät an Hesselschwerdt folgen zu lassen:

»Passe recht auf und besorge es gut. Sprich eingehend mit Ziegler. Sage ihm, daß die jetzigen Minister weg müssen, sie haben sich bei mir unmöglich gemacht. Er wird es also, wenn er alles besorgt, wie Ich will. Die Kollegen soll er mir dann selbst vorschlagen. – Schneider gleich fort und durch einen tüchtigen ersetzen. Sind die Kammern verstockt, dann auflösen, andere her und das Volk sehr bearbeiten. Schnell aber. – Sage ihm, außer den Rückständen (ohne daß die Kammern wissen, wofür, können glauben, es gehöre zu den Rückständen) ein paar Millionen dazu, die anderen schaffe Du herbei. Sage ihm, daß die Bauten die *Hauptlebensfreude* sind, daß ich, seit alles schändlich stockt, ganz *unglücklich* bin, an Abdanken, Selbsttötung stets denke, daß der Zustand aufhören *muß*, daß die Bauten nicht mehr stocken dürfen, daß, wenn er alles richtet, er Mir buchstäblich das Leben wieder gibt. Führ ihm dies *sehr* und *vor allem dies* zu Gemüte. Es geht nach sofortiger Deckung (nicht Vorschieben, das ist unwürdig mir gegenüber), dann ist die Zivilliste wieder ganz in meinem Besitz (eigenem). Dazu sind leicht einzureihen rasch vorwärts mit dem Schlafzimmer im Linderhof, St. Hubertus-Pavillon und mit dem Ausbau der Burg von Herrenwörth und Falkenstein. Mein Lebensglück hängt davon ab. Dieses *(sieht)* Herr von Ziegler *bestimmt* ein. Er soll es erschinden, durchreißen, alle

Schwierigkeiten besiegen und Hindernisse niederreißen und baldigst ist die Hauptsache. Daß Du *noch* nicht wohl bist, ist zu arg, nimm noch einen Arzt. Erhole Dich. Berg, den 11. Mai 1886. Ludwig.«

Eines Kommentars bedarf die ganze gegenwärtige Stellung Seiner Majestät gegenüber dem Lande nicht. Die geistigen Kräfte Seiner Majestät sind bereits dermaßen zerrüttet, daß alle und jede Einsicht fehlt, das Denken mit der Wirklichkeit in vollem Widerspruche sich befindet, das Handeln ein unfreies ist und Allerhöchstdieselben im Wahne absoluter Machtfülle vereinsamt durch eigene Isolierung – wie ein Blinder ohne Führer am Rande des Abgrundes stehen.

Das Bauen sei die einzige Lebensfreude Seiner Majestät, aber die Bauten gerade waren der Ruin der Königlichen Finanzen und der Grund der Beschleunigung des Hereinbruches der Katastrophe. Alle Vorstellungen, alle Bemühungen, sie wieder zu ordnen, sind umsonst gewesen. Seine Majestät *muß* bauen, und in einer Weise, die ebenfalls wieder den Verfall der geistigen Kräfte nur zu deutlich zutage treten läßt, werden Versuche gemacht, das Geld dazu, gehe es, wie es gehe, herbeizuschaffen. Hesselschwerdt wurde von Seiner Majestät zu dem nunmehr verstorbenen Fürsten Maximilian von Thurn und Taxis nach Regensburg zur Aufnahme eines Anlehens von 20 Millionen geschickt, sollte durch die Vermittlung Seiner Königlichen Hoheit des Herzogs Ludwig die Hilfe des Kaisers von Österreich in Anspruch nehmen. Auch zu Seiner Majestät dem König von Schweden und Norwegen nach Stockholm sollte sich Hesselschwerdt begeben, und als dieser sich diesem Allerhöchsten Auftrag entzog, wurde ein Flügeladjutant Seiner Majestät, natürlich ohne Erfolg, dahin beordert. Ein Flügeladjutant erhielt durch Hesselschwerdt den Allerhöchsten Auftrag, in Brasilien ein Anlehen zustande zu bringen, andere Personen sollten nach Brüssel, nach Konstantinopel zum Sultan und nach Teheran zum Schah. Sei durch Anlehen kein Geld aufzutreiben (es handelte sich schon um 25 Millionen), so sollte auf Allerhöchsten Befehl bei den Banken in Stuttgart, Frankfurt, Berlin und Paris eingebrochen und zu diesem Zwecke Leute geworben werden. Durch gleichzeitige Aufträ-

ge an mehrere, die sich gegenseitig nichts sagen durften, hoffte Seine Majestät sogar in den Besitz von 80 Millionen zu gelangen. Als kein Anleihen aufzutreiben war, auch auf Raub und Einbruch verzichtet werden mußte, sollte das Volk und dessen Vertretung die Lücke schließen und damit nur eine Untertanenpflicht erfüllen, wodurch sie wieder die Allerhöchste Gunst sich zuwenden und Seine Majestät bewegen könnten, Allerhöchst ihnen nach und nach wieder näher zu treten. An ein Sichzeigen von Seite Seiner Majestät sei, wenn man sich nicht bessere, *selbstverständlich* gar nicht zu denken. Gute Untertanen müßten es anders anfangen, wenn sie ihren König und Herrn glauben machen wollten, daß sie ihn lieben usw. – Dabei gehen, als wenn die Mittel in ungemessener Fülle vorhanden wären, die Allerhöchsten Aufträge bis in die allerletzte Zeit unverändert fort.

Das vorliegende Material ist geradezu erdrückend.

Es erübrigt nur noch, auf den körperlichen Zustand Seiner Majestät einen kurzen Blick zu werfen. Seit langer Zeit klagen Seine Majestät über Druck und Schmerz im Hinterkopfe, wenden Eisumschläge dagegen, selbst mitunter während des Essens an; Seine Majestät leiden ferner nicht selten an Schlaflosigkeit, nahmen früher ungefähr sechs Jahre lang zwei- bis dreimal wöchentlich Chloral, gebrauchen seit vier Jahren andere Schlafmittel, deren Zusammensetzung die Berichterstatter nicht kennen. Über die unordentliche, unappetitliche, ekelerregende Art des Speisens Seiner Majestät, um das hier noch einzuschieben, wie Allerhöchstderselbe dabei die Saucen und Gemüse herumspritze, seine Kleider damit beschmiere, berichtet Kammerlakai Mayr. Erschwert dürfte nach Herrn von Ziegler auch die Verdauung sein, da Seine Majestät keinen Zahn mehr im Munde habe, der zum Kauen tauglich sei. Die geschlechtlichen Beziehungen berührt Herr Ministerialrat von Ziegler in seinen Aufzeichnungen Bogen 16.

Hiermit schließen die unterzeichneten Ärzte ihre Schilderung, und verweisend auf die im Texte schon an verschiedenen Stellen gezogenen Schlußfolgerungen erklären sie nun, dieselben zusammenfassend und ergänzend, *einstimmig:*

1. Seine Majestät sind in sehr weit vorgeschrittenem Grade seelengestört, und zwar leiden Allerhöchstdieselben an jener Form von Geisteskrankheit, die den Irrenärzten aus Erfahrung wohl bekannt mit dem Namen Paranoia – (Verrücktheit) bezeichnet wird.

2. Bei dieser Form von Krankheit, ihrer allmählichen und fortschreitenden Entwicklung und schon sehr langen, über eine größere Reihe von Jahren sich erstreckenden Dauer ist Seine Majestät für unheilbar zu erklären und noch weiterer Verfall der geistigen Kräfte mit Sicherheit in Aussicht.

3. Durch die Krankheit ist die freie Willensbestimmung Seiner Majestät vollständig ausgeschlossen, sind Allerhöchstdieselben als verhindert an der Ausübung der Regierung zu

betrachten und wird diese Verhinderung nicht nur länger als ein Jahr, sondern für die ganze Lebenszeit andauern.

München, den 8. Juni 1886.

von Gudden, k. Obermedizinalrat.
Dr. Hagen, k. Hofrat.
Dr. Grashey, k. Universitätsprofessor.
Dr. Hubrich, k. Direktor.

Die Verweise innerhalb des Textes auf Anlagen zum Gutachten wurden getilgt.

Die Regentschaftsproklamation des Prinzen Luitpold

Im Namen Seiner Majestät des Königs.

Unser Königliches Haus und Bayerns treubewährtes Volk ist nach Gottes unerforschlichem Ratschlusse von dem erschütternden Ereignisse betroffen worden, daß Unser vielgeliebter Neffe, der allerdurchlauchtigste großmächtigste König und Herr, Seine Majestät König Ludwig II., an einem schweren Leiden erkrankt sind, welches Allerhöchstdieselben an der Ausübung der Regierung auf längere Zeit im Sinne des Titels II § 11 der Verfassungsurkunde hindert.

Da Seine Majestät der König für diesen Fall Allerhöchstselbst weder Vorsehung getroffen haben noch dermalen treffen können, und da ferner über Unseren vielgeliebten Neffen, Seine Königliche Hoheit den Prinzen Otto von Bayern, ein schon länger andauerndes Leiden verhängt ist, welches Ihm die Übernahme der Regentschaft unmöglich macht, so legen Uns die Bestimmungen der Verfassungsurkunde als nächstberufenem Agnaten die traurige Pflicht auf, die Reichsverwesung zu übernehmen.

Indem Wir dieses, von dem tiefsten Schmerze ergriffen, öffentlich kund und zu wissen tun, verfügen Wir hiermit in Gemäßheit des Titels II §§ 11 und 16 der Verfassungsurkunde die Einberufung des Landtages auf Dienstag, den 15. Juni laufenden Jahres ...

München, den 10. Juni 1886

Luitpold, Prinz von Bayern

Dr. Frhr. v. Lutz, Dr. v. Fäustle, Dr. v. Riedel,
Frhr. v. Crailsheim, Frhr. v. Feilitzsch, v. Heinleth.

Bayerischer Kurier.

München, den 10. Juni 1886.

Extra-Blatt.

Das heute Morgen ausgegebene Gesetz- und Verordnungsblatt veröffentlicht folgende Bekanntmachung:

„Im Namen Seiner Majestät des Königs."

„Unser Königliches Haus und Bayerns treubewährtes Volk ist nach Gottes unerforschlichem Rathschlusse von dem erschütternden Ereignisse betroffen worden, daß Unser vielgeliebter Neffe, der Allerdurchlauchtigste, Großmächtigste König und Herr, Seine Majestät König Ludwig II., an einem schweren Leiden erkrankt sind, welches Allerhöchstdieselben an der Ausübung der Regierung auf längere Zeit im Sinne des Titels II § 11 der Verfassungs-Urkunde hindert.

„Da Seine Majestät der König für diesen Fall Allerhöchstselbst weder Vorsehung getroffen haben, noch dermalen treffen können, und da ferner über Unsern vielgeliebten Neffen, Seine Königliche Hoheit den Prinzen Otto von Bayern, ein schon länger andauerndes Leiden verhängt ist, welches Ihm die Uebernahme der Regentschaft unmöglich macht, so legen Uns die Bestimmungen der Verfassungs-Urkunde als nächstberufenem Agnaten die traurige Pflicht auf, die Reichsverwesung zu übernehmen.

„Indem Wir dieses, von dem tiefsten Schmerze ergriffen, öffentlich kund und zu wissen thun, verfügen Wir hiemit in Gemäßheit des Titels II, §§ 11 und 16 der Verfassungs-Urkunde die Einberufung des Landtags auf Dienstag den 15. Juni lfd. Js.

„Die königlichen Kreisregierungen werden beauftragt, sofort alle aus ihrem Kreise berufenen Abgeordneten für die zweite Kammer unter abschriftlicher Mittheilung dieser öffentlichen Ausschreibung aufzufordern, sich rechtzeitig in der Haupt- und Residenzstadt München einzufinden."

München, den 10. Juni 1886.

Luitpold, Prinz von Bayern.

Dr. Frhr. v. Lutz, Dr. v. Fäustle, Dr. v. Riedel, Frhr. v. Crailsheim, Frhr. v. Feilitzsch, v. Heinleth.

Der Tod im See

Um ½11 entstand plötzlich eine große Schreierei, ein Schloßbediensteter brachte den Hut des Königs mit der Brillantagraffe, den er am Ufer des Sees gefunden hatte. Der Hut war vollständig durchnäßt.

Nach wenigen Minuten wurde mir gemeldet, man hätte den Hut Guddens und die beiden Röcke des Königs gleichfalls am Ufer gefunden, ebenfalls durchnäßt, und einige Schritte auf dem Trockenen lag Guddens Regenschirm.

Nun lief ich mit dem Schloßverwalter Huber hinunter an den See, wir weckten den Fischer Lidl und bestiegen ein Boot, fuhren ungefähr um 11 Uhr ab gegen Leoni zu. Wir waren noch nicht lange auf dem Wasser, da stieß Huber plötzlich einen Schrei aus und sprang ins Wasser, das ihm bis an die Brust ging. Er umklammerte einen Körper, der frei auf dem See trieb, es war der König in Hemdsärmeln.

Ein paar Schritte hinterdrein schwamm ein zweiter Körper – Gudden –, ich zog ihn ans Boot, und dann ruderte Lidl gegen das Ufer zu.

Am Ufer sprangen uns einige Pfleger bei, und mit diesen hoben wir die beiden Körper ins Boot, wir standen bis zur Hüfte im Wasser. Beide waren, wie ich damals sofort erklärte, ohne Puls und ohne Atmung. Die Totenstarre war schon eingetreten. Die Uhr des Königs, die aus der Weste heraushing, war um 6 Uhr 54 stehen geblieben, es war zwischen Uhrglas und Zifferblatt Wasser eingedrungen. Der König hatte die Uhr an demselben Tage aufgezogen.

Guddens Uhr war um 8 Uhr stehengeblieben, doch zog dieser seine Uhr nur sehr selten auf, und hatte selbst keinen Uhrschlüssel in Besitz.

Wir machten nun, nachdem wir rasch die Kleider geöffnet hatten, an den beiden die üblichen Wiederbelebungsversuche, indem ich die künstliche Atmung einleitete und in den Zwischenpausen die Brust frottieren ließ. Hierbei ist es vorgekommen, daß der Pfleger Mauder mit einem Messer dem Stabskontrolleur Zanders die Rockflügel abschnitt.

Schloß Berg am Starnberger See. Den großen Turm an der Frontseite des 1849–51 im Stil der englischen Neugotik veränderten Schlosses ließ Ludwig errichten. Aquarell von August Jacob.

Bei den Versuchen waren beteiligt: drei Gendarmen, drei Pfleger, Zanders, Ritter und Huber. Am Ufer standen mehrere Stallbedienstete, die auch dem Baron Washington zuriefen, daß beide noch Lebenszeichen gegeben hätten, worauf dieser nach München telegrafierte: »Beide leben, Dr. Müller macht künstliche Einatmungen.«

Wodurch diese Ansicht entstanden ist, ist mir nicht recht klar, möglich, daß bei dem Versuche auf Pupillenreaktion ein Augendeckel etwas höher stehen blieb als der andere, möglich, daß eine mechanisch hervorgerufene Änderung in der Körperlage als willkürliche Bewegung aufgefaßt wurde. Kurz, ich weiß es nicht. Soviel war mir von vornherein sicher, daß beide schon seit Stunden tot waren, und ich machte die Wiederbelebungsversuche nur, um späteren diesbezüglichen Vorwürfen zu begegnen.

Natürlich waren alle Versuche ohne Ergebnis. Als es von Starnberg 12 Uhr schlug, erklärte ich, weitere Bemühungen seien nutzlos und konstatierte dann offiziell den Tod des Königs und seines Arztes.

Wir fuhren nun zurück in den kleinen Hafen an der Fischerhütte. Dort wurden Tragbahren geholt und dann zuerst die Leiche des Königs und dann die Guddens nach dem Schlosse getragen, um dort in zwei Eckzimmern des ersten Stockes aufgebahrt zu werden.

Wir mußten die Stiefel aufschneiden, desgleichen zum Teile die Kleider und ließen dann die Leichen nackt, aber mit einem Leintuch bedeckt, bis die herbeigerufene Gerichtskommission von Starnberg ankäme. Diese erschien gegen 2 Uhr. Oberamtsrichter Jehle, Bezirksarztstellvertreter Dr. Weiß und prak. Arzt Dr. Magg mit einem Schreiber.

Zuerst wurde der Tod des Königs, dann der Guddens konstatiert (also nun zum dritten Male). Beim König fühlte Dr. Weiß vielleicht zehn Minuten lang den Puls, er spürte immer den seinigen, wie er mir später gestand. Er hatte eben auch noch bei keinem König die Totenschau vorgenommen. Bei Gudden ging es schneller, und Dr. Weiß beendete hier seine Tätigkeit als Gerichtsarzt mit den Worten: defunctus est.

Während der König am Körper nirgends Verletzungen zeig-

Zeitgenössischer Holzstich (1886).

te (dagegen war die Hutkrempe an einer Stelle frisch gerissen), fanden sich an Guddens Gesicht (auf Stirn und Nase) mehrere schräg verlaufende Kratzwunden und über dem rechten Auge ein blauer Fleck, herrührend jedenfalls von einem wuchtigen Faustschlag. Ferner war der vordere Teil des Nagels am rechten Mittelfinger zur Hälfte abgetrennt. Das Gesicht des Königs zeigte einen finsteren, herrschsüchtigen, fast tyrannischen Zug, Guddens Züge dagegen hatten das freundliche Lächeln beibehalten, das man ja so oft bei ihm wahrnehmen konnte.

Inzwischen hatte ich mit Baron Washington noch viel telegrafiert, auch an die Familie Gudden. Um 3 Uhr wurde ich dann vernommen und meine Aussage protokolliert. Um 4 Uhr kam Graf Törring, der erste, der unseren Telegrammen nachgekommen war. Nun wurden die Leichen feierlich aufgebahrt, mit blauseidenen Decken bis zum Kopf verhüllt und dann die Betten mit Blumen geschmückt. Im Zimmer des Königs hielten zwei Gendarmen die Totenwache, bei Gudden vier Pfleger.

Das Thronfolge- und Regentschaftspatent

Im Namen Seiner Majestät des Königs.

Bayerns Königliches Haus und sein in Glück und Unglück treu zu Demselben stehendes Volk ist vom schwersten Schicksalsschlage getroffen.

Nach Gottes unermeßlichem Ratschlusse ist Seine Majestät König Ludwig II. aus dieser Zeitlichkeit geschieden.

Durch diesen das ganze Vaterland in schmerzlichste Betrübnis versetzenden Todesfall ist das Königreich Bayern in der Gesamtvereinigung aller seiner älteren und neueren Gebietsteile nach den Bestimmungen der Verfassungsurkunde aufgrund der Haus- und Staatsverträge Unserem vielgeliebten Neffen, dem Bruder weiland Seiner Majestät, Seiner Königlichen Hoheit dem Prinzen Otto, jetzt Majestät, als nächstem Stammfolger nach dem Recht der Erstgeburt und der agnatisch-linearen Erbfolge angefallen.

Da Allerhöchstderselbe durch ein schon länger andauerndes Leiden verhindert ist, die Regierung Allerhöchstselbst zu führen, so haben Wir als nächstberufener Agnat nach den Bestimmungen der Verfassungsurkunde in Allerhöchstdessen Namen die Reichsverwesung zu übernehmen. Die nach der Verfassungsurkunde erforderliche Einberufung des Landtages ist bereits verfügt.

Indem Wir, im Namen Seiner Majestät des Königs, die Reichsverwesung hiemit übernehmen, versehen Wir Uns zu allen Angehörigen der Bayerischen Erblande, daß sie Seine Majestät den König als ihren rechtmäßigen und einzigen Landesherren so willig als pflichtmäßig erkennen und Allerhöchstdenselben und Uns, als dem durch die Verfassung berufenen Regenten, unverbrüchliche Treue und unweigerlichen Gehorsam leisten ...

Gegeben zu München, den 14. Juni 1886

Luitpold, Prinz von Bayern

Elisabeth, Kaiserin von Österreich

13. Juni 1886

Den Adler vom Felsenhorste,
Dort oben in schwindelnder Höh',
Den jagenden Wolken so nahe,
Dem sonnenschimmernden Schnee,

Sie haben ihn eingefangen,
Die stolzen Schwingen gelähmt,
In ewige Fesseln geschlagen,
Bis daß er zu Tod sich einst grämt.

Geheimnisvoll rauschen die Wellen
Und flüstern es schauernd der Nacht:
»In unserm Schoß hat sich eben
Der Königsaar umgebracht.«

Klagend umkreiset die Möwe
Den Spiegel des lieblichsten Sees
Zur Zeit der blühenden Rosen,
Zur Zeit des bittersten Weh's!

Du sandtest mir blühende Rosen
Einst über den lieblichsten See
Mit Zweigen des weißen Jasmines,
Gleich duftendem Nachwinterschnee.

Doch jüngst erst band ich dir ein Sträußchen
Aus duftendem weißen Jasmin;
Sie brachten's wohl über das Wasser,
Sie legten aufs Herz es dir hin.

Drauf wand ich aus blühenden Rosen
Den Kranz von berauschendem Duft,
Den trug ich voll Sorgfalt und Liebe
Hinab in die dunkelnde Gruft.

Dort habe ich Abschied genommen
Und drückte noch leise zum Schluß,
Mein unvergeßlicher König,
Auf deinen Sarg einen Kuß. *(Juni 1886)*

Nemesis

Es kommt ein Schwan gezogen,
Der stieg wohl aus dem See,
Den Lilienhals gebogen,
Im Auge tiefes Weh.

Am Haupt trägt er ein Krönlein,
Das flimmert schon von fern,
Aus Demant und Rubinstein,
Wie nachts der Abendstern.

Ein Lied pflegt er zu singen
Voll tiefer Melodie,
Das tut so traurig klingen,
Wie Klagensymphonie.

»Es saß einmal ein König
Auf hohem Schwanenstein,
Dess' blaue Augen blickten
Ins Himmelblau hinein.

Mit seinen schwarzen Locken,
Da spielten West und Föhn;
Er merkt vor sinnen, dichten
Nicht, daß die Zeiten geh'n.

Weil er stets aufwärts schaute,
Sah er nicht, wie im Tal
Viel böse Menschen sannen
Auf seinen Sturz zumal.

Sie stürzten ihren König
Vom hohen Schwanenstein,
Sie drängten ihren König
Bis in den See hinein.«

Das Lied, das Lied wird klingen,
Bis alle Mörder tot,
Es dringt das leise Singen
In ihre Sterbenot.

Sie flieh'n dann, schwarze Krähen,
Krächzend von Ort zu Ort,
Umsonst ihr rastlos Spähen,
Sie müssen wieder fort.

Zur Nachtzeit im Vereine
Stoßt jeder aus der Luft;
Im Friedhof sucht der eine,
Der andre in der Gruft.

Vom eignen Körper äsen
Die Würmer jeder muß;
Bis er einst ganz verwesen,
Zu seiner Straf' und Buß'.

(Sommer 1886)

Paul Verlaine

La Mort
de
S. M. le Roi Louis II de Bavière

Roi, le seul vrai roi de ce siècle, salut, Sire,
Qui voulûtes mourir vengeant votre raison
Des choses de la politique, et du délire
De cette science intruse dans la maison,

De cette science assassin de l'Oraison
Et du Chanet et de l'Art et toute la Lyre,
Et simplement et plein d'orgueil en floraison
Tuâtes en mourant, salut, Roi, bravo, Sire!

Vous fûtes un poète, un soldat, le seul Roi
De ce siècle où les rois se font si peu de chose
Et le martyr de la Raison selon la Foi.

Salut à votre très unique apothéose,
Et que votre âme ait son fier cortège, or et fer.
Sur un air magnifique et joyeux de Wagner.

Sire, einziger König, würdig des Jahrhunderts Achtung,
Ihr starbt, ein Recht auf Herrschaft, das versagt Euch blieb,
Zu rächen, aber auch des Geists Umnachtung,
Darin Euch solche bittere Erkenntnis trieb.

Erkenntnis mörderisch für Poesie, Gesang,
Die Künste allesamt, Gebete schier,
Und so, in hochgemutem Überschwang
Habt sterbend Ihr getötet. Gruß Euch, Sire!

Ihr wart ein Dichter, ein Kämpfer, ein königliches Blut
In einer Zeit, wo Könige nichts bedeuten als Entehrung,
Ein Märtyrer jenes Rechts, das im Glauben ruht.

Gruß Euch in dieser einzigartigen Verklärung!
Mög Eure Seele wahren ihren strahlend stolzen Flug,
Zu dem Wagners Musik empor sie trug.

Übertragen von Helmut Domke

Das Leichenbegängnis

Der tote König.

Unter ungeheurem Menschenandrang fand am Samstag das Leichenbegängnis weiland König Ludwig II. in größter Ordnung und Ruhe statt. Die Geschäfte und Läden waren geschlossen, an etlichen Häusern schwarze Fahnen ausgehängt. Unter dem Geläute aller Glocken der Stadt und den Klängen der Trauermusik und Fanfaren verschiedener Musikkorps setzte sich der Zug, der über eine Stunde dauerte, zwischen einem Spalier Infanterie, Veteranen und Feuerwehr in Bewegung, voran Militär aller Waffengattungen, dann die Schulen und Gymnasien mit ihren Lehrern, die klösterlichen Orden, kgl. Dienerschaft und Hofbeamte der Stäbe, der Stadtklerus, das k. Hofstift St. Kajetan, der Erzbischof und die Bischöfe von Bamberg, Regensburg, Würzburg, Eichstätt und Passau in weißer Mitra, der Erzbischof von München mit seinem Kapitel, fünfundzwanzig Gugelmänner, der k. Kammerdiener mit den Leibärzten, Ordenssekretären etc., dann der von acht mit schwarzen Decken behangenen Pferden gezogene prachtvolle, mit Blumen und Kränzen reich geschmückte Leichen-

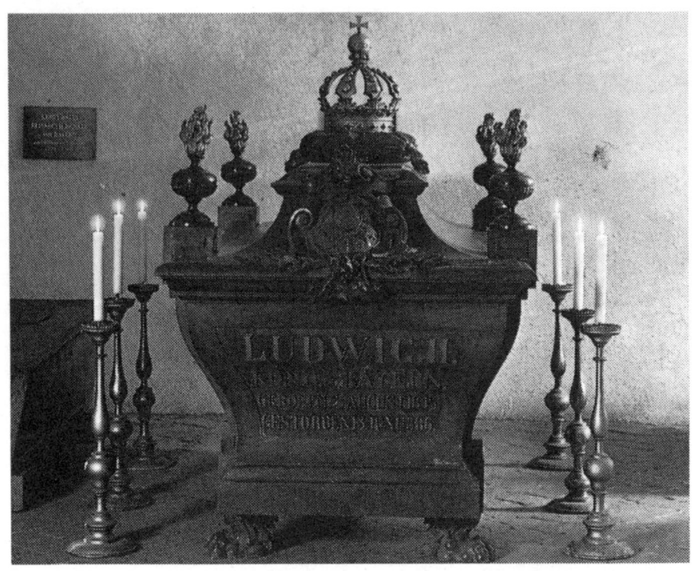

Der Zinnsarg in der Krypta der St.-Michaels-Kirche in München.

wagen und Sarg mit den Reichs- und Ordensinsignien, rechts begleitet von den General- und Flügeladjutanten, links von zwölf kgl. Kammerherren, während je ein Kommandeur des St. Georgsordens die Zipfel des prachtvollen Bahrtuches hielt, alles umgeben von kgl. Edelknaben und Hartschieren. Dem Wagen wurde ein schwarzbehangenes k. Leibpferd nachgeführt.

Nach dem vorgetragenen Kruzifix folgte das Leichengeleite: Prinz Luitpold in tiefgebeugter Haltung, hinter ihm die Kronprinzen von Preußen und Österreich in Feldmarschalls- resp. der Uniform seines bayerischen Regiments, die Prinzen des kgl. Hauses, der Großherzog von Baden, Prinz Georg von Sachsen und die vielen anderen Fürstlichkeiten und Vertreter der Höfe, darunter Fürst Taxis in der Tracht des hohen Malteserordens. Daran reihten sich die Kronbeamten, die Minister, die beiden Kammern, die standesherrlichen Familien, die obersten Hofchargen, die Generalität, die Staatsräte und Gesandten, die Offiziere und Beamten, die Bürgermeister vieler Städte, Deputationen von Veteranenvereinen, Feuerwehren, und den Schluß bildeten Chevaulegers, Train und schwere Reiter. Um ½3 wurde der Sarg an der Michaelskirche von Stiftsdekan Ritter von Türk und der Hofgeistlichkeit empfangen und in den Chor der Kirche getragen und niedergestellt. Eine ungeheure Menge von Kränzen und Blumen bedeckte und umgab den Katafalk. Nach Absingung der Vigil wurde der Sarg in einen zweiten gelegt, vom Minister des k. Hauses versiegelt und der Gruft übergeben.

Während der Sarg in die Kirche gebracht wurde und dort die Zeremonien stattfanden und die Vigil gesungen wurde, sammelte sich schwarzes Gewölk über dem Stadtteil. Eben war der letzte Wagen des Trauergeleites weggefahren und das Militär abgerückt, da fuhr angesichts der hocherschreckten Menge auf der Straße eine mächtige Feuergarbe, ein Blitz, herab auf die St. Michaelskirche, dem ein entsetzlicher Donnerschlag folgte. Der Blitz hatte nicht gezündet, nur einige Leute an die Mauer der Kirche geschleudert.

Das war das himmlische Finale zu dem irdischen Trauerakte.

Aus der Zeitung »Das Bayerische Vaterland«
vom 22. Juni 1886

Epilog

Aufschrift dem Gedächtnis Ludwigs des Zweiten

ALS MEINE JUGEND MEIN LEBEN HOB IN SOLCH
EIN LICHT KAM SIE ERSTAUNEND DEINEM NAH UND
LIEBTE DICH. NUN RUFT EIN HEIL DIR ÜBERS
GRAB HINAUS ALGABAL DEIN JÜNGRER BRUDER
O VERHÖHNTER DULDERKÖNIG

Stefan George, Widmung zu »Algabal« (1892)

König-Ludwig-Lied

(Version 1)

Auf den Bergen wohnt die Freiheit,
auf den Bergen ist es schön,
wo des Königs Ludwigs Zweiten
alle seine Schlösser stehn.

Allzufrüh mußt er sich trennen,
fort von seinem Lieblingsplatz:
ja, Neuschwanstein, stolze Feste,
warst des Königs liebster Schatz!

Allzufrüh mußt er von dannen,
man nahm ihn fort mit der Gewalt,
gleich wie Barbarn hams dich behandelt,
und fortgeführet durch den Wald.

Mit Bandarsch und Kloriformen
traten sie behendig auf.
Und dein Schloß mußt du verlassen
und kommst nimmermehr hinauf!

Nach Schloß Berg hams dich gefahren
in der letzten Lebensnacht,
da wurdest du zum Tod verurteilt
noch in derselben grauen Nacht.

Und geheime Meuchelmörder,
deren Namen man nicht kennt,
habens ihn in' See neingsteßen
indem sie ihn von hintn angerennt.

Lebe wohl, du guter König
in dem kühlen Erdenschoß,
von dort droben kannst du nicht mehr
runter in dein stolzes Schloß!

Ja, du bautest deine Schlösser
zu des Volkes Wohlergehn.
Neuschwanstein, das allerschönste,
kann man noch in Bayern sehn!

Anonym

König-Ludwig-Lied

(Version 2)

Auf den Bergen ist die Freiheit,
ja, auf den Bergen ist es schön,
wo unserm König Ludwig Zweiten
alle seine Schlösser stehn.

Allzufrüh mußt er sich trennen,
man nahm ihn fort mit der Gewalt,
von Neuschwanstein, stolze Veste,
des Königs Lieblingsaufenthalt.

Nach Schloß Berg wurdst du gefahren,
war deine letzte Lebensnacht,
da wurdest du zum Tod verurteilt
in derselben grauen Nacht.

Mit Bandarsch und Kloriforme
rückten sie behendig aus
nach Neuschwanstein, edler König,
nimmermehr kommst du hinaus.

Denn du bautest ja nur Schlösser
zu des Volkes Wohlergehn,
doch das schönste ist Neuschwanstein,
das die Bayern je gesehn.

Nun, hier ruhst du, edler König,
in dem stillen Erdgeschoß,
hoch da droben kannst du nicht mehr
auf dein väterliches Schloß.

Kann kein Freund dich mehr besorgen,
kann kein Fried mehr zu dir hinauf;
und Neuschwanstein blickt als Waise
sehnsuchtsvoll zu dir hinauf.

Der Doktor Gudden und der Bismarck,
den man auch den »Falschen Kanzler« nennt,
sie hab'n ihn in'n See 'neig'steßen,
indem sie ihn von hint' ang'rennt.

Feiger Kanzler, deine Schande
traget dir ganz g'wiß kein Ehrenpreis.
Denn du stund'st ihm nicht im off'nem Kampfe,
wie uns der Rippenstoß von hinten her beweist.

Doktor Gudden war ein Verräter,
doch auch er mußt' mit dir fort.
Neuschwanstein, dein Erschaffer,
er ist ewig von dir fort.

»Und an Max ham's vogift,
an Ludwig dertränkt,
jetzt steht's nimmer lang o,
wird der Otto aufg'hängt!«

Anonym

König-Ludwig-Lied

Ich habe dem König geschrieben
Ich liebe dich
Ich bin ein Fan von dir
Ich komme
Ist das okay
Die Antwort kam nachts aus dem Radio
Zwei Jahre später
Ich war allein und rauchte noch eine
Da ging die Tür auf im weißen Café
Da stand er
Versteht ihr
Der König Ludwig II.
Vollkommen unsichtbar und wahnsinnig schön
Wie eine Lady bei Vollmond
Umnachtet vom Föhn
Wir flogen ab in Richtung Paradies
Wir liebten uns in Seitenstraßen
Komm auf mein Schloß
Ich liebe dich
Ich bin dein Fan
Bis wir auch das vergaßen
Vollkommen unsichtbar und wahnsinnig schön
Die Lady nackt auf meinem Knie
Er lebt noch sagen die Bauern
Nur gesehen wurde er nie
Wir liebten uns
Wir gaben uns den Rest
Wir wollten Hochzeit feiern
Komm mit bevor es Tag wird sagte der König

Wolf Wondratschek: Chuck's Zimmer (1974)

Zeittafel

1845 *25. August:* Geburt Ludwigs in Schloß Nymphenburg; ältester Sohn des Kronprinzen Max und Maries von Preußen, Tochter des Prinzen Friedrich Wilhelm Karl von Preußen

26. August: Taufe auf den Namen Otto Ludwig Friedrich Wilhelm am Geburtstag und Namenstag des Großvaters Ludwig I.

1848 *20. März:* Ludwig I. dankt wegen des Lola-Montez-Skandals zugunsten seines Sohnes, nunmehr König Maximilian II., ab. Ludwig jetzt Kronprinz

27. April: Geburt des Bruders Otto

1861 *2. Februar:* Erster Besuch einer Oper von Richard Wagner: *Lohengrin*

1863 *16.–17. August:* Erste und einzige Begegnung mit Otto von Bismarck in Nymphenburg

25. August: Mündigkeitserklärung in Hohenschwangau

20. September: Verfassungseid des volljährigen Kronprinzen in Berchtesgaden

1864 *10. März:* Tod des Vaters. Proklamation Ludwig II. zum König

27. März: Eröffnung des Landtags

4. Mai: Erste Begegnung mit Richard Wagner

18. Juni – 15. Juli: Begegnung mit Kaiserin Elisabeth von Österreich in Bad Kissingen

30. Juli – 11. August: Begegnung mit der Zarin von Rußland in Bad Schwalbach; Rheinreise über Wiesbaden bis Köln; auf der Rückfahrt Besuch des Goethe-Hauses in Frankfurt

Drei neue Minister: Nikolaus von Koch (Kultus), Eduard von Bomhard (Justiz), Ludwig Freiherr von der Pfordten (Äußeres)

1865 *10. Juni:* Uraufführung der Oper *Tristan und Isolde* von Wagner in München

20. Oktober – 2. November: Reise in die Schweiz und Besuch der Tell-Gedenkstätten

10. Dezember: Wagner muß München verlassen

1866 *10. Mai:* Gedanken an Abdankung

11. Mai: Befehl der Mobilmachung der bayerischen Armee für den 22. Juni

22. – 24. Mai: Besuch Wagners an dessen Geburtstag in Triebschen in der Schweiz

27. Mai: Eröffnung des Landtags mit Thronrede

Einmarsch Preußens in Holstein und Austritt aus dem Deutschen Bund

16. Juni: Kriegserklärung des Deutschen Bundes an Preußen. Bayern auf seiten des Bundes

24. – 25. Juni: Ludwig im bayerischen Hauptquartier in Bamberg

3. Juli: Sieg über Österreich bei Königgrätz

22. August: Abschluß des Berliner Friedens. Geheimer Allianzvertrag zwischen Bayern und Preußen über ein Schutz- und Trutzbündnis ohne die von Ludwig geforderten Garantien

10. November–10. Dezember: Reise in das vom Krieg betroffene Franken

31. Dezember: Entlassung von der Pfordtens; Nachfolger Fürst Chlodwig von Hohenlohe-Schillingsfürst

1867 *22. Januar:* Verlobung Ludwigs mit seiner Cousine, der Herzogin Sophie, Tochter des Herzogs Max von Bayern und Schwester von Elisabeth von Österreich

Mai: Anlage des Wintergartens in der Münchner Residenz, 1871 vollendet

1.–3. Juni: Reise zur Wartburg

20.–29. Juli: Besuch der Weltausstellung in Paris. Gespräche mit Napoleon III. Ludwig lehnt ein süddeutsches Bündnis mit Frankreich ab

Mehrmalige Verschiebung des Hochzeitstermins: vom 25. August auf den 12. Oktober, dann auf den 12. November

18. September: Johann von Lutz neuer Justizminister

10. Oktober: Auflösung der Verlobung mit Sophie

1868 *30. Januar:* Erlaß einer Gewerbeordnung und eines Wehrverfassungsgesetzes

29. Februar: Tod Ludwig I. in Nizza

25. April: Gesetz über Heimat, Aufenthalt und Verehelichung

21. Juni: Uraufführung der *Meistersinger* von Wagner in München

2.–10. August: Aufenthalt in Bad Kissingen

28. September: Heirat der Herzogin Sophie mit dem Herzog von Alençon

Erste Pläne für Neuschwanstein

1869 *29. April:* Erlaß einer Zivilprozeßordnung, Gesetze über Staatsbahnen und über öffentliche Armen- und Krankenpflege

27. August: Grundsteinlegung zum Königshaus auf dem Schachen

5. September: Grundsteinlegung für Neuschwanstein

22. September: Uraufführung des *Rheingold* von Wagner in München

21. Dezember: Lutz übernimmt zusätzlich das Kultusministerium

1870 *17. Januar:* Eröffnung des neuen Landtags. Ludwig schwört Preußen Bündnistreue

8. März: Otto von Bray-Steinburg Nachfolger von Hohenlohe-Schillingsfürst

26. Juni: Uraufführung der *Walküre* von Wagner in München

15. Juli: Kriegserklärung Frankreichs an Preußen

16. Juli: Befehl zur Mobilisierung der bayerischen Armee. Kronprinz Wilhelm von Preußen übernimmt das Kommando der bayerischen Truppen

19. Juli: Ausbruch des deutsch-französischen Kriegs

25. August: Heirat Richard Wagners mit Cosima von Bülow

1. September: Niederlage der Franzosen in der Schlacht von Sedan

30. September: Baubeginn von Schloß Linderhof

23. November: Bayern tritt dem Norddeutschen Bund

bei und erhält föderative Sonderregelungen
30. November: Von Bismarck entworfener Kaiserbrief Ludwigs an König Wilhelm I. von Preußen

1871 *18. Januar:* König Wilhelm I. zum deutschen Kaiser in Versailles ausgerufen
10. Mai: Friede von Frankfurt
16. Juli: Siegesparade in München. Zusammentreffen Ludwigs mit dem preußischen Kronprinzen
23. August: Johann Nepomuk von Fäustle Justizminister
31. August: Friedrich von Hegnenberg-Dux Nachfolger von Bray-Steinburgs

1872 *6. Mai:* Erste Separatvorstellung
22. Mai: Grundsteinlegung zum Bayreuther Festspielhaus
6. September: Verkündigung des Reichsgesetzes gegen die Jesuiten in Bayern
1. Oktober: Adolph von Pfretzschner Außenminister

1873 *8. September:* Erwerb der Herreninsel im Chiemsee

1874 Letzte Beteiligung an der Fronleichnamsprozession
21.–28. August: Reise nach Paris
2. Oktober: Letzte Beteiligung am Oktoberfest

1875 *6. Februar:* Reichsgesetz über die Zivilehe
27. Mai: Ausbruch der Geisteskrankheit beim Bruder Otto
22. August: Letzte große Parade unter Beteiligung Ludwigs in München
24.–27. August: Reise nach Reims

1876 *10. Februar:* Letzte Hoftafel in München
6.–9. August: Bei der Generalprobe von *Der Ring des Nibelungen* in Bayreuth
27.–31. August: Erneuter Besuch in Bayreuth
Hundinghütte bei Schloß Linderhof errichtet

1877 Kabinettskasse zunehmend in Unordnung

1878 *21. Mai:* Grundsteinlegung zu Schloß Herrenchiemsee

1879 Vollendung von Schloß Linderhof

1880 *4. März:* Krafft Freiherr von Crailsheim neuer Außenminister; Lutz Vorsitzender im Ministerrat

22. *August:* Letzte Proklamation des Königs an das bayerische Volk

1881 27. *Juni – 14. Juli:* Reise mit dem Schauspieler Josef Kainz in die Schweiz

1882 26. *Juli:* Uraufführung des *Parsifal* in Bayreuth

1883 13. *Februar:* Wagner stirbt in Venedig

Planung eines Schlosses auf dem Falkenstein bei Pfronten

1884 27. *Mai – 8. Juni:* Erster Bezug der Wohnräume in Neuschwanstein

1885 Auseinandersetzungen über die zerrüttete Kabinettskasse

14. *Oktober:* Letztes Treffen mit der Mutter

1886 *Januar:* Entwurf des letzten Schloßprojektes, des Chinesischen Schlosses am Plansee

8. *Juni:* Ein Sachverständigengutachten erklärt Ludwig für unheilbar geistesgestört und regierungsunfähig auf Lebenszeit

9. *Juni:* Entmündigung Ludwigs

10. *Juni:* Ausrufung Prinz Luitpolds zum Regenten

12. *Juni:* Vergeblicher Versuch der Staatskommission, den König in Neuschwanstein festzunehmen. Überführung nach Schloß Berg am Starnberger See

13. *Juni:* Tod Ludwigs im Starnberger See zusammen mit seinem Leibarzt Dr. Bernhard von Gudden

15. *Juni:* Aufbahrung in der Hofkapelle

18. *Juni:* Beisetzungsfeierlichkeiten

19. *Juni:* Beisetzung in der St. Michaelskirche in München

Quellenhinweise

Bayerische Staatsbibliothek München, Handschriftenabteilung (Alfred von Dürckheim, Richard Hornig).

Bayerischer Kurier. Nr. 119 vom 28.4.1880.

Bayerisches Gesetz- und Verordnungsblatt. Nr. 25 vom 10.6.1886. S. 299 f. und Nr. 26 vom 14.6.1886. S. 301 f.

Bismarck, Otto Fürst von: Die gesammelten Werke. Friedrichsruher Ausgabe. Bd. 15. Berlin 1932.

Blome: Berichte Graf Blomes. Hof- und Staatsarchiv Wien.

Böhm, Gottfried von: Ludwig II., König von Bayern. Sein Leben und seine Zeit. 2. Aufl. Berlin 1924.

Cornelius, Peter: Ausgewählte Briefe nebst Tagebuchblättern. Bd. 2. Leipzig 1905.

Corti, Egon Caesar Conte: Elisabeth, die seltsame Frau. 20. Aufl. Salzburg 1937.

Dahn, Felix: Erinnerungen. Buch 4, Abteilung 2. Leipzig 1895.

Doeberl, Michael: Bayern und die Bismarckische Reichsgründung. München 1925.

Doeberl, Michael: Entwicklungsgeschichte Bayerns. Bd. 3. Hrsg. von Max Spindler. München 1931.

Döllinger, Ignaz von: Briefe an eine junge Freundin. Hrsg. von Heinrich Schrörs. Kempten 1914.

Du Moulin-Eckart, Richard Graf: Cosima Wagner. Ein Lebens- und Charakterbild. Berlin 1929.

Franz, Eugen: König Ludwig II. von Bayern, das königliche Kabinett, das Ministerium und das bayerische Volk 1864 bis 1866. In: Staat und Volkstum. Festgabe für Karl Alexander von Müller. Diessen vor München 1933. S. 82–98.

Kaiser Friedrich III.: Das Kriegstagebuch von 1870/71. Hrsg. von Heinrich Otto Meisner. Berlin 1926.

Fröbel, Julius: Ein Lebenslauf. Bd. 2. Stuttgart 1890.

Geheimes Hausarchiv München (Sibylle von Leonrod, Friedrich von Ziegler, Lambert von Varicourt).

Heigel, Karl von: König Ludwig II. von Bayern. Ein Beitrag zu seiner Lebensgeschichte. Stuttgart 1893.

Hey, Julius: Richard Wagner als Vortragsmeister. Erinnerungen. Leipzig 1911.
Heyse, Paul: Jugenderinnerungen und Bekenntnisse. 5. Aufl. Bd. 1: Aus dem Leben. Stuttgart 1912.
Hierneis, Theodor: Ein Mundkoch erinnert sich an Ludwig II. Hrsg. von Hans Jürgen Syberberg. München 1972.
Hohenlohe-Schillingsfürst, Chlodwig Fürst zu: Denkwürdigkeiten. 2. Bde. Stuttgart 1907.
Kobell, Luise von: König Ludwig II. und die Kunst. München 1898.
Kobell, Luise von: Unter den vier ersten Königen Bayerns. 2 Bde. München 1894.
Die letzten Lebenstage und das Hinscheiden des höchstseligen Königs Maximilian II. von Bayern. Passau 1864.
Linde, Fritz: Ich, der König. Der Untergang Ludwigs des Zweiten. Leipzig o.J.
Linnenkamp, Rolf: Die Schlösser und Projekte Ludwigs II. 2. Aufl. München 1986.
König Ludwig und die Kunst. München 1968.
König Ludwig II. und Richard Wagner. Briefwechsel. Bearb. von Otto Strobel. 5 Bde. Karlsruhe 1936–1939.
Mensi-Klarbach, Alfred Freiherr von: Unveröffentlichte Briefe R. Wagners und König Ludwigs II. In: Deutsche Rundschau 194 (1923). S. 1–7.
Mitis, Oskar Freiherr von: Das Leben des Kronprinzen Rudolf. Mit Briefen und Schriften aus dessen Nachlaß. Leipzig 1928.
Mohl, Robert von: Lebenserinnerungen. Bd. 2. Stuttgart 1902.
Müller, Franz Carl: Die letzten Tage Ludwigs II. Nach eigenen Erlebnissen geschildert. Hrsg. von Erich Müller. In: Süddeutsche Monatshefte 26 (1928/29). S. 768–792.
Nachbaur, Franz: Münchener Zeitung vom 23.3.1902. S. 3.
Neue Zeitschrift für Musik 64 (1868). S. 239.
Ompteda, Roderich Freiherr von: Richard Wagner und König Ludwig. Nach Aufzeichnungen des letzten hannoverschen Gesandten in München. In: Der Heimgarten 11 (1933). S. 47 f.
Osterauer, Thomas: Persönliche Erinnerungen an König Ludwig II. In: Bayerische Heimat 12 (1930/31). S. 114 f., 124 f.
Philippi, Felix: Münchner Bilderbogen. Erinnerungen. 2. Aufl. Berlin 1912.

Possart, Ernst von: Erlebtes und Erstrebtes. Erinnerungen aus meiner Bühnentätigkeit. 2. Aufl. Berlin 1916.
Röckl, Sebastian: Von der Pfordten und Richard Wagner. In: Süddeutsche Monatshefte 25 (1927/28). S. 536–541.
Rummel, Walter von: Ludwig II. Der König und sein Kabinettchef. 2. Aufl. München 1930.
Schaufert, Ludwig Rudolph: König Ludwig II., Bayerns Stolz und Bayerns Schmerz. Ein Lebensbild. 2. Aufl. Kaiserslautern 1886.
Schickling, Dieter: Abschied von Walhall. Richard Wagners erotische Gesellschaft. München 1985.
Sexau, Richard: Die Brautschaft König Ludwigs II. von Bayern. In: Bavaria, Münchner Hefte für Kultur und Heimat. Jahrgang 1 (1949). Heft 3, S. 25–29. Heft 4, S. 23–28.
Sexau, Richard: Fürst und Arzt. Dr. med. Herzog Carl Theodor in Bayern. Schicksal zwischen Wittelsbach und Habsburg. Graz 1963.
Tagebuchaufzeichnungen von Ludwig II., König von Bayern. Hrsg. von Edir Grein. Schaan/Liechtenstein 1925.
Trost, Ludwig: König Ludwig I. von Bayern in seinen Briefen an seinen Sohn, den König Otto von Griechenland. Bamberg 1891.
Wagner, Carl: Die Verlobung Ludwigs II. von Bayern. In: Velhagen & Klasings Monatshefte 50 (1935/36). Bd. 2. S. 379–384.
Richard Wagner. Leben und Werke in urkundlichen Zeugnissen. Hrsg. von Wolfgang Golther. Ebenhausen bei München 1936.
Richard Wagner an Mathilde Maier (1862–1878). Hrsg. von Hans Scholz. 2. Aufl. Leipzig 1930.
Wondratschek, Wolf: Chuck's Zimmer. Alle Gedichte und Lieder. München 1984.

Detaillierte Quellenangaben finden sich in dem für jede Beschäftigung mit Ludwig II. unumgänglichen und unersetzlichen Werk

Ludwig II. von Bayern in Augenzeugenberichten. Hrsg. und eingeleitet von Rupert Hacker. München 1972.

Die Gedichte und Lieder sind zitiert nach:

Auf zur Sonne, Königsschwan ...! Ludwig II., König von Bayern, in zeitgenössischen Gedichten und Liedern. Hrsg. von Eduard Hanslik. München 1986.

Die Wiedergabe der Schwarzweiß-Abbildungen erfolgt mit freundlicher Genehmigung der Bayerischen Verwaltung der Staatlichen Schlösser, Gärten und Seen (29), von Hans Bertram (1; Freig. Reg. v. Obb. G4/182), Hans Huber (1) und Werner Neumeister (2).

Die Farbabbildungen stammen von Werner Neumeister (8).

Die Übersichtskarte stammt von Design-Studio Fleischer, München.

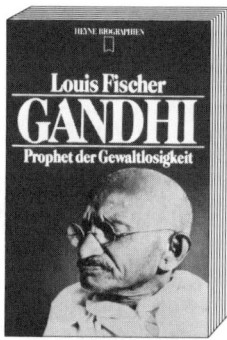

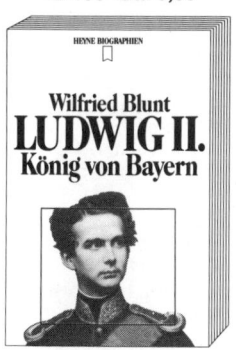

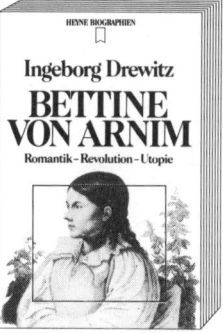

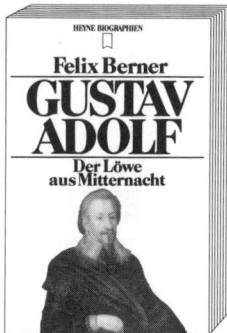